AF452215

CATALOGUE
D'UN
CABINET EXQUIS
DE
TABLEAUX.

Par les premiers & les plus célebres Maîtres

Italiens, François Flamands, Hollandois & Allemands.

Rassemblés avec beaucoup de soin & de dépense
pendant plusieurs années, & délaissés par feu
Monsieur

FRANCOIS IGNACE DE DUFRESNE.

En son vivant Directeur du Cabinet de feue sa Majesté Impériale l'Empereur CHARLES VII, *&
Conseiller de Commerce & de Finances de son
Altesse Sérénissime Electorale de Baviere,
&c. &c.*

La Vente s'en fera le Mercredi 22. Août 1770.
chez ARNOLDUS DANKMEYER demeurant dans
l'Oudezyds Heeren-Logement à Amsterdam.

PAR LES COURRETIERS

HENRI DE WINTER,
JEAN MATTHIAS COK, &
JEAN YVER.

Ce Catalogue *se trouve chez* PIERRE YVER, *&
les susdits* Courretiers *à Amsterdam, de même que
dans les principales Villes de l'Europe.*

On pourra voir le tout, deux Jours avant la
Vente; savoir le Lundi & le Mardi.

AVERTISSEMENT.

La Vente commencera au jour fixé, savoir le Mercredi 22 Août & les jours suivants, le Matin à dix heures & l'Après-Midi à trois heures sonnantes.

Les Acheteurs seront obligés, suivant la coûtume, de payer de chaque florin un sol de droit d'adjudication, outre la somme entiere de ce qu'ils auront achetté; le tout en Ryders ou gros argent courant de ce Pays.

Les Tableaux sont pour la plûpart ornés de très-belles Bordures sculptées & dorées, excepté quelques-uns, en petit nombre, qui n'en ont pas.

Les Tableaux ont tous été mesurés sans les bordures, sur le pied d'Amsterdam qui est de onze pouces.

CATALOGUE

D'UN

CABINET EXQUIS

DE

TABLEAUX.

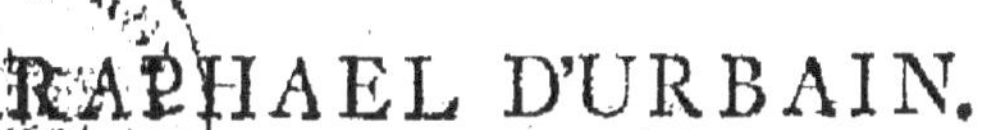

RAPHAEL D'URBAIN.

No. 1. MARIE AVEC L'ENFANT JESUS.

Peint fur bois, haut de 7½, large de 6 pouces.

On voit la Vierge à mi-corps, tenant l'Enfant Jéfus fur le bras, & derriere elle un Concert d'Anges. Tableau très-délicatement peint, & terminé.

LEONARD DE VINCI.

2. LA VIERGE AVEC L'ENFANT JESUS
& ST. JEAN.

Peint fur bois, haut de 16½, large de 13 pouces.

Elle eft affife, ayant l'Enfant Jéfus debout fur fes genoux, auquel St. Jean qui eft à côté de lui, préfente une fleur. Tableau d'un très beau def-

A

fein

fein, d'un coloris achevé, & l'un des meilleurs que l'on connoiffe de ce Maître.

No. 3. UNE SAINTE FAMILLE.

Peint fur bois, haut de 52, large de 44 pouces.

Marie eft affife à la gauche du Tableau, tenant par le bras l'Enfant Jéfus qui eft à côté d'elle. On voit St. Jean devant lui avec un Pot de fleurs; & derriere l'Enfant, St. Jofeph & Elifabeth accompagnés d'une autre Femme. Ordonnance Capitale d'un très-beau deffein, bien peinte & terminée.

LE GUERCHIN.

UNE SAINTE FAMILLE.

4.

Peint fur toile, haut de 55, large de 67 pouces.

A droite du Tableau, on voit la Ste. Vierge affife fur une hauteur ayant l'Enfant Jéfus fur fes genoux, auquel elle préfente une fleur. A côté d'elle font affis deux Enfans qui font une Guirlande de rofes. On apperçoit à gauche, St. Jofeph & un Enfant à genoux fur un Escalier. Tableau d'une belle Ordonnance, fupérieurement deffiné & vigoureufement point.

5. LE MARTYRE D'UNE SAINTE.

Peint fur toile, haut de 38½, large de 30½ pouces.

C'eft une belle Ordonnance de trois Figures, où l'on

l'on voit une Ste. Femme prête à fouffrir le Martyre, elle a les yeux douloureufement levés vers le Ciel; à côté d'elle on apperçoit un Homme qui femble vouloir l'attacher & derriere elle un autre Homme tenant des tenailles. Tableau d'un beau deffein & peint vigoureufement.

No. 6. SAINT JOSEPH & L'ENFANT JESUS.

Peint fur toile , haut de 48½, large de 37 pouces.

On voit St. Jofeph regardant avec beaucoup d'attention l'Enfant Jéfus couché fur un couffin qu'il tient fur fes deux mains. Tableau d'un très-beau deffein & d'un coloris vigoureux.

LE GUIDE.

7. PORTRAIT GRACIEUX DE FEMME.

Peint fur toile, haut de 47, large de 37 pouces.

Cette agréable Figure qu'on voit jufqu'aux genoux, eft apperçue de trois quarts, affifé, tenant un Livre de Mufique fur elle & ayant les yeux élevés vers le Ciel. Elle a fes deux mains appuyées fur la Harpe d'Appollon. C'eft un bel Emblême de la Mufique. Tableau d'un pinceau moëlleux, d'une belle fonte de couleurs & vigoureufement peint.

8. AUTRE SUJET SEMBLABLE.

Peint fur toile, haut de 50, large de 36 pouces.

C'eft un Emblême de l'Aftronomie, repréfen-

tée

tée par une Femme affise regardant les Signes du Zodiaque, tenant le bras gauche appuyé fur un Globe Célefte & dans fa main droite un Compas. Morceau très-agréablement deffiné, clair & d'une belle fonte de couleurs.

No. 9.　　　　UNE LUCRECE.

Peint fur toile, haut de 89, large de 62 pouces.

C'eft une Figure plus grande que Nature, vue à genoux & qui paroît prete à fe plonger le poignard dans le fein. Tableau d'un deffein beau & correct, & d'un coloris clair.

10.　　　　UNE STE. CATHERINE.

Peint fur toile, haut de 25, large de 34 pouces.

Elle eft en Bufte avec deux mains, dans l'une desquelles elle tient une branche de Palmier. Morceau terminé.

CARLE MARATTE.

11.　　STE. FAMILLE DANS UN PAYSAGE.

Peint fur cuivre, haut de $10\frac{3}{4}$, large de $13\frac{1}{4}$ pouces.

Sur le devant on voit Marie affife ayant à côté d'elle, l'Enfant Jéfus que le petit St. Jean adore à genoux. Sur un fecond plan on voit St. Jofeph auprès de fon Ane. Tableau d'un très-beau deffein, délicatement peint & terminé, & de forme octogone.

TRI-

TREVISANI.

No. 12. LA VIERGE AVEC L'ENFANT JESUS SUR LES NUEES.

Peint fur toile, haut de 20, large de 14 pouces.

Dans ce beau Morceau on voit à gauche, la Ste. Vierge fur les nuées, tenant l'Enfant Jéfus fur fes bras, lequel St. Antoine de Padoue à genoux, adore avec beaucoup de dévotion. Au desfus de ce Saint paroît une Gloire d'Anges. Tableau admirablement desfiné, d'un coloris vigoureux & terminé.

13. L'INTERIEUR D'UNE MAISON.

Peint fur toile, haut de 20, large de 14 pouces.

La Ste. Vierge y eft vue de face, asfife & dans une attitude très-gracieufe, ayant l'Enfant Jéfus fur fes genoux. Elle a, à gauche, Elifabeth qui baife la main gauche de l'Enfant; de plus on apperçoit derriere Elifabeth, St. Jofeph, au desfus duquel paroît une Gloire d'Anges. A droite on voit, par une porte ouverte, un Payfage montagneux. Tableau qui ne le cede en rien au précédent.

14. LE ST. HOMME JOB DANS SON AFFLICTION.

Peint fur toile, haut de 45, large de 58 pouces.

Il eft vu de trois quarts, nud & asfis, ayant devant lui fa Femme qui le follicite au murmure.

 El-

Elle eft accompagnée de deux des Amis de ce St.
Homme qui ne lui tiennent pas des propos plus
confolans. Les Figures font plus grandes que Nature & ce Tableau eft d'un très-beau deffein &
d'un bon ton de couleur.

No. 15.   LE SAMARITAIN CHARITABLE.

Peint fur toile, & de même hauteur & largeur que
le précédent.

On le voit bandant les plaies d'un Homme blef-
fé par des Voleurs & y verfant du Vin & de l'Hui-
le.   Tableau auffi bon que le précédent.

16.   NOE PRIS DE VIN.

Peint fur toile, haut de 45, large de 58 pouces.

Il eft affis fur une butte & vû de trois quarts,
ayant à côté de lui une Coupe, pleine de vin rou-
ge & des raifins. Au bas on voit à fes pieds,
Cam qui regarde la nudité de fon pere, que Sem
& Japhet couvrent d'un manteau en marchant en
arriére. Ce Tableau n'eft pas moindre que le précédent.

17.   UNE CHARITE ROMAINE.

Peint fur toile. Pendant de même hautenr & largeur que le précédent.

Ce Tableau de même n'eft pas moindre que
les Précédents.

No. 18.

DE TABLEAUX.

No. 18. LOTH & SES FILLES.

Peint fur toile, haut de 36½, large de 29 pouces.

Il eft affis & vû de façe ayant à droite l'une de fes Filles qui lui verfe du Vin d'une Cruche d'or dans un Gobelet d'or que Loth tient à la main. A gauche paroît fon autre Fille tenant la main appuyée fur une Cruche d'argent. On voit de plus du même côté dans le lointain, la Femme de Loth changée en Statue de Sel de même que la Ville de Sodome en feu. Tableau d'un deffein admirable, clair & vigoureufement peint.

19. NOTRE SEIGNEUR BATTU DE VERGES.

Peint fur toile, haut de 32½, large de 28 pouces.

C'eft une riche Ordonnance de Sept Figures, d'un deffein admirable, claire & vigoureufement peinte & pas moindre que le Tableau précédent.

20. LA STE. VIERGE EN ORAISON.

Peint fur toile, haut de 51, large de 41½ pouces.

Elle eft repréfentée affife, priant, & accompagnée de deux Anges qui la foutiennent. Tableau d'un très-beau deffein, d'une belle couleur, vigoureufement peint & terminé.

A 4

No. 21.

No. 21.   LA STE VIERGE ASSISE.

Peint fur bois , haut de 5½, large de 7½ pouces.

Dans cet admirable petit Tableau on voit Marie affife avec l'Enfant Jéfus & tenant dans fa main droite une poire. Il eft d'un deffein très-beau & très-correct, & délicatement peint.

ANNIBAL CARRACHE.

22.   UN ST. FRANCOIS.

Peint fur toile , haut de 47, large de 58 pouces.

Ce Saint eft vû de face & affis , ayant le bras gauche dont il tient un Crucifix, appuyé fur une pierre. Derriere lui un Ange qui le fortifie. Tableau d'un deffein admirable , d'un coloris vigoureux & bien peint.

23.   UNE MADELAINE.

Peint fur toile, haut de 38, large de 32 pouces.

Cette Pénitente vue à mi-corps, eft repréfentée affife devant une Croix, dans un Rocher, au travers de l'ouverture duquel on voit quelques hautes montagnes. Tableau d'un très-beau deffein & d'un coloris vigoureux.

N.24. UN HERCULE.

Peint sur toile, haut de 38, large de 28½ pouces.

Il est représenté nud & assis, tenant une main appuyée sur sa massue. Tableau d'un beau dessein & d'un pinceau vigoureux.

LOUIS CARRACHE.

25. UNE SAINTE FAMILLE.

Peint sur toile, haut de 28, large de 22½ pouces.

La Ste. Vierge est vue ici jusqu'aux genoux & debout, tenant l'Enfant Jésus sur le bras, qui regarde le petit St. Jean qui est plus bas que lui, & qui a derriere lui St. Joseph. Très-beau Tableau tant pour le dessein que pour le coloris qui est clair, & il est agréablement peint.

LE TITIEN.

26. UNE MARIE MADELAINE.

Peint sur toile, haut de 47½ , large de 76 pouces.

Elle est vûe de face & assise dans une attitude de dévotion. Dans le lointain on voit un Paysage montagneux. Tableau d'un dessein admirable & d'un pinceau vigoureux,

No.27.   UN PAYSAGE.

Peint fur toile, haut de 17, large de 23 pouces.

La Scene eft un Payfage où l'on voit la Ste. Vierge, l'Enfant Jéfus & St. Joſeph.   Tableau d'un très-beau coloris.

PAUL VERONESE.

28. NOTRE SEIGNEUR DINANT CHEZ LE PHARISIEN.

Peint fur toile, haut de 57½, large de 114 pouces.

C'eft un Tableau Capital, d'une riche Ordonnance & rempli de Figures, d'un deffein achevé & peint vigoureufement.

CARLO LOTTI.

29.   MERCURE & ARGUS.

Peint fur toile, haut de 48, large de 75 pouces.

Dans ce Tableau Capital qui eft d'un très-beau deffein & vigoureufement peint, les Figures font plus grandes que Nature & vues jusqu'aux genoux.

30.   DEUX BACCHANALES.

Peints fur toile, hauts chacun de 15, larges de 33½ pouces.

Ces Deux Tableaux font d'une très riche Ordonnance & peints avec efprit.

LUC

No. 31. SOPHRONIE & OLINDE.

Peint sur toile, haut de 47, large de 38 pouces.

Ils sont représenté liés dos à dos sur le bucher, prêts à être brûlés. On voit de plus Clorinde à cheval qui s'avance pour les délivrer. Tableau d'un très-beau deffein & peint vigoureusement.

32. ADAM & EVE CHASSE'S DU PARADIS.

Peint sur toile, haut de 52, large de 80 pouces.

Ils sont représentés faifis de surprife & d'effroi à la vûe de l'Ange qui les chaffe du Jardin d'Eden. Tableau d'une grande correction de deffein, clair & peint vigoureufement.

33. UNE SAINTE FAMILLE.

Peint sur toile, haut de 56, large de 78 pouces.

On y voit la Ste. Vierge avec l'Enfant Jéfus & devant elle St. Jean. On apperçoit de plus St. Jofeph debout auprès d'un banc, de même que deux Enfans qui élevent la Croix. Tableau touché avec efprit.

No. 34.

No.34.   L'ENLEVEMENT DES SABINES.

Peint fur toile, haut de 31½, large de 44 pouces.

C'eft une Ordonnance Riche & Capitale d'un très-beau deffein & peinte avec esprit.

ANTOINE CORREGE.

35.   MARIE AVEC L'ENFANT JESUS.

Peint fur toile, haut de 27½, large de 20½ pouces.

La Ste. Vierge eft à mi-corps, tenant l'Enfant Jéfus fur fes genoux, vu de trois quarts. Tableau d'un deffein parfait & délicatement peint.

SCIDONI.

36.   UNE SAINTE FAMILLE.

Peint fur toile, haut de 39½, large de 34½ pouces.

On voit de face la Ste. Vierge avec l'Enfant Jéfus fur fes genoux, ayant à fa gauche St. Jofeph qui tient la main du petit Enfant, & à fa droite St. Jean. Tableau bien deffiné & d'un coloris vigoureux.

PIETRE DE CORTONNE.

37.   L'ANNONCIATION A LA VIERGE.

Peint fur toile, haut de 67, large de 48 pouces.

Ce Tableau au haut duquel on voit une Gloire
d'An-

d'Anges, eſt d'une très-belle Ordonnance, admirablement deſſiné & peint.

LE VIEUX PALMA.

Nо.38.   UN CHRIST MORT.

Peint ſur toile, haut de 38, large de 45 pouces.

Il paroît comme ſoutenu par Marie Madelaine, derriere laquelle on voit deux Saintes Femmes avec St. Jean & Joſeph d'Arimathée. Tableau d'nn beau deſſein, bien & vigoureuſement peint.

BARTH. ETIEN. MORILLOS.

39.   UN VIEILLARD.

Peint ſur toile, haut de 17½, large de 13 pouces.

Il eſt repréſenté aſſis devant une table & dormant, ayant derriere lui une Fille qui lui ôte la vermine de la tête. Tableau très-bien peint.

40.   BOUTIQUE D'UN MARECHAL.

Peint ſur toile, haut de 25½, large de 21½ pouces.

On y voit un Homme aſſis & une Femme debout avec un Maréchal ferrand qui ſe tient devant le feu, dont la lumiere qui réfléchit ſur les autres perſonnes fait un effet très-agréable. Tableau très-bien peint & imitant bien la Nature.

JACQUES BASSAN.

No. 41.   ORDONNANCE DE PLUSIEURS
FIGURES.

Peint fur toile, haut de 23, large de 37 pouces.

On y voit un Roi affis fur fon trône, & d'autres Figures.   Tableau très-bien & vigoureufement peint.

42.   NOTRE SEIGNEUR DANS LE JARDIN
DE GETSEMANE.

Peint fur toile, haut de 44, large de 35½ pouces.

On y voit Jéfus-Chrift accompagné de trois de fes Difciples.   Tableau vigoureufement peint.

43.   UNE RICHE ORDONNANCE.

Peint fur toile, haut de 24, large de 31 pouces.

Ce Tableau répréfentant l'Automne, eft orné de beaucoup de Figures, d'Animaux & de fruits, & vigoureufement peint.

44.   L'ADORATION DES BERGERS.

Peint fur toile, haut de 39, large de 33 pouces.

A gauche on voit la Ste. Vierge, St. Jofeph & le petit Enfant qu'un Berger adore à genoux. On apperçoit d'autres Bergers derriere celui-ci, qui offrent des préfens, & au haut une Gloire d'Anges.

ges. Tout le Sujet de ce Tableau eſt en général éclairé par la lumiere qui réfléchit du petit Enfant; il eſt peint avec eſprit & très-vigoureuſement.

No.45.   UNE RICHE ORDONNANCE.

Peint ſur toile, haut de 55, large de 41 pouces.

Préſentation de l'Enfant Jéſus au Temple. Tableau clair & vigoureuſement peint.

46.   UN PAYSAGE.

Peint ſur toile, haut de 47, large de 52 pouces.

Il eſt orné ſur le devant de quelques Payſannes auprès desquelles on voit des Bœufs & des Moutons. Tableau touché avec eſprit.

PET. COURT. BOURGIGNON.

47.   UNE BATAILLE.

Peint ſur toile, haut de 51, large de 74 pouces.

C'eſt une Ordonnance Riche & Capitale où l'on voit ſur le devant dans un Payſage avec de hautes montagnes, un combat entre de la Cavalerie, & ſur le ſecond plan quelques Cavaliers qui fuient. Ce Tableau eſt admirablement bien deſſiné vigoureuſement peint & du meilleur temps de ce Maître.

No. 48.

No48.   UN PENDANT.

Peint sur toile, & de même hauteur & largeur
que le précédent.

Ce Tableau représente un Combat donné aux
portes d'une Ville & n'est, à tous égards, pas moindre que le précédent.

49.   AUTRE SUJET SEMBLABLE.

Peint sur toile, haut de 21, large de 26 pouces.

C'est pareillement un Combat de Cavalerie donné devant une Ville ou un Château. Ce Tableau de forme ovale, est bien & vigoureusement
peint.

50.   UN PENDANT DE MEME FORME.

Peint sur toile & de même hauteur & largeur que le
précédent, & pas moins bien peint.

51.   UN AUTRE SUJET PAREIL.

Peint sur toile, haut de 15, large de 25½ pouces.

Ce Tableau représente une Bataille & est d'u-
ne riche Ordonnance & bien peint.

52.   UN AUTRE SUJET PAREIL.

Peint sur toile, haut de 7¼, large de 18¼ pouces.

Ce Tableau qui représente de même une Bataille est touché avec esprit.

CLAU-

CLAUDE LORRAIN.

No.53. UN PAYSAGE MONTAGNEUX.

Peint fur toile, haut de 25½, large de 28½ pouces.

On y voit à gauche, fur le devant, une Bergere affife fur une butte auprès de laquelle on apperçoit un Berger debout, quelques Boucs & quelques Moutons, & à droite de grands arbres & un lointain fpacieux. Très-beau Tableau repréfentant bien la Nature.

54. AUTRE PAYSAGE SEMBLABLE,

Peint fur toile, haut de 28½, large de 38½ poucesr

On y voit fur le devant un Homme à cheval, deux Bergers qui fe repofent & un Pélerin; fur un fecond plan on apperçoit une Montagne fur laquelle eft fitué un Château, & de hautes montagnes dans le lointain. Tableau peint de même que le précédent.

BARTHOLOMÉE TORREGGIANI.

55. PAYSAGE D'ITALIE AVEC DE HAUTES MONTAGNES.

Peint fur toile, haut de 37½. large de 28 pouces,

On voit fur le devant une Femme qui lave du linge dans la Riviere, & fur un fecond plan deux Hommes affis qui pêchent à la ligne, de plus on

B

ap-

apperçoit un Château entourré d'arbres. Tableau d'une touche fpirituelle.

A. GOUBAN.

No. 56.   PAYSRGE D'ITALIE AVEC DES RUINES.

Peint fur toile, haut de 32, large de 49 pouces.

A gauche on voit devant une Auberge, des gens à table prenant leur repas; de plus une Dame à cheval, près de laquelle eft un homme qui tient un verre de vin; plus loin des Chaffeurs avec des Chiens, des Chevaux qui fe defalterent à une fontaine, & un Lointain agréable. Tableau très-bien peint, fini & repréfentant une belle journée d'Eté.

SALVATOR ROSA.

57.   BEAU PAYSAGE MONTAGNEUX.

Peint fur toile, haut de 13½, large de 17¼ pouces.

Il eft orné à gauche d'une Rivierre, aux bords de laquelle on voit des Figures debout & couchées. Tableau touché avec beaucoup d'esprit.

ROOS D'ITALIE.

58.   PAYSAGE MONTAGNEUX.

Peint fur toile, haut de 29, large de 52 pouces.

Il eft orné de Moutons, de Boucs & d'un Bœuf, auprès desquels on voit un Homme affis & un Chien.

Chien. Tableau clair, touché avec esprit & vigoureusement peint.

No. 59. UN PENDANT.

Peint sur toile & de même hauteur & largeur que le précédent.

On y voit des Moutons & des Boucs couchés & debout, & un Berger avec son Chien. Tableau qui n'est pas moindre que le précédent.

60. UN PAYSAGE.

Peint sur toile, haut de 29, large de 52 pouces.

On voit à gauche un Berger qui se repose auprès d'un Bellier couché, d'un Mouton, & d'un Bouc qui est debout. Tableau touché avec esprit & vigoureusement peint.

JEAN FYT.

61. SUJET DE FANTAISIE.

Peint sur toile, haut de 31, large de 43 pouces.

Il repréfente du Gibier mort, comme un Lievre & deux Perdrix auprès desquels un panier de Raisins & de Figues, renversé. Tableau d'une touche ferme & vigoureusement peint.

MICHEL ANGE DE LA BATAILLE.

62. UN PAYSAGE D'ITALIE.

Peint sur toile, haut de 16½, large de 26 pouces.

On y voit devant une Auberge des Personnes

qui se divertissent, auprès desquelles un Homme joue de la Musette. Tableau d'un très-beau dessein & peint vigoureusement.

No. 63.   UNE BATAILLE.

Peint sur toile, haut de 25, large de 38 pouces.

On voit dans ce Tableau un Combat de Cavallerie & sur un second plan l'Attaque d'un Pont. C'est une Riche Ordonnance, d'un beau dessein & admirablement peint.

PIERRE DE LIBERI.

64.   UN PAYSAGE.

Peint sur toile, haut de $30\frac{1}{2}$, large de 48 pouces.

On voit ici Narcisse de face & de grandeur naturelle, couché & regardant dans l'eau sa Figure dont il devient éperdument amoureux. Tableau d'une touche ferme & vigoureuse.

GARAFALO.

65.   LA STE. VIERGE AVEC LE PETIT
ENFANT,

Peint sur bois, haut de $11\frac{1}{4}$, large de $9\frac{1}{4}$ pouces.

Elle est représentée assise ayant l'Enfant Jésus sur ses genoux & tenant à la main des œillets, avec deux desquelles il joue. Tableau très-bien peint & terminé d'après *Raphaël d'Urbain*, & connu par

par l'Eftampe nommée la Vierge à l'oeillet, gravée par *Moryn.*

MICHEL ANGE DE CARRAVAGE.

No. 66.   UNE ORDONNANCE CAPITALE.

Peint fur toile, haut de 65, large de 83 pouces.

Répréfentant Notre Seigneur affis dans le Temple au milieu des Docteurs, qu'il paroît écouter avec beaucoup d'attention. Tableau très-bien deffiné & admirablement peint.

FRANSESCHINI.

67. LE RETOUR DE L'ENFANT PRODIGUE.

Peint fur toile, haut de 52½, large de 67 pouces.

Le Pere eft vû de trois quarts paroiffant tranfporté de joye du Retour de fon Fils qu'il croyoit perdu; il le releve de terre, où il eft profterné à fes pieds & il l'embraffe.   La mere qu'on apperçoit derriere fon Mari, eft auffi repréfentée dans une attitude qui marque toute fa fatisfaction. On voit de plus une Femme avec un Enfant, & dans le lointain de hautes Montagnes.   Tableau d'un deffein admirable & d'un grand ton de couleur.

68.   UN PENDANT.

Peint fur toile & de même hauteur & largeur que le précédent.

Ce Tableau repréfente la Fuite d'Agar.   On

B 3   voit

voit à droite, Abraham ayant la main étendue vers
Agar qui fort avec fon fils Ismaël de chez le Pa-
triarche, derriere lequel on apperçoit Sara & deux
Enfans. Morceau qui, à tous égards, n'eft pas
moindre que le précédent.

NICOLAS CASSANO.

No. 69.　　SUJET TIRE DE LA FABLE.

Peint fur toile, haut de 60, large de 49 pouces.

Pan badinant avec une Nymphe, & au haut on
voit l'Amour. Tableau d'un très-beau coloris,
clair & vigoureufement peint.

BALTHAZAR CASTIGLIONE.

70.　　UNE ORDONNANCE CAPITALE.

Peint fur toile, haut de 41, large de 56 pouces.

C'eft la Sortie d'Abraham d'Ur des Chaldéens.
Tableau vigoureufement peint.

JOSEPH RIB. SPANJOLET.

71.　　TETE DE ST. PIERRE.

Peint fur toile, haut de $18\frac{1}{2}$, large de 17 pouces.

Elle eft repréfentée ayant les yeux levés vers le
Ciel, & eft bien & vigoureufement peinte, &
d'un coloris clair.

No. 72.

No. 72.   PORTRAIT D'HOMME.

Peint fur toile, haut de 50, large de 25½ pouces.

Il eft affis dans un fauteuil, vû à mi-corps, tenant dans fa main gauche qui repofe fur un des
bras du fauteuil, un Deffein & ayant fa main droite vûe en raccourcis. Tableau vigoureufement
peint.

PIERRE DE MULIERIBUS TEMPESTE.

73.   UN PAYSAGE.

Peint fur toile, haut de 37½, large de 60 pouces.

Il eft vû au lever de l'Aurore. Sur le devant
on apperçoit quelques Beftiaux tant debout que
couchés, de même que quelques Vaches qu'on eft
occupé à traire, & fur un fecond plan de hautes
Montagnes. Tableau chaud & bien peint.

PAUL DE MATTEUS.

74.   MARS & VENUS SURPRIS PAR
                    VULCAIN.

Peint fur toile, haut de 71, large de 73 pouces.

On voit Mars & Vénus affis fur un lit, & embar-
raffés dans un filet de fil d'archal que Vulcain a-
voit artiftement forgé. On apperçoit de plus ce
Dieu qui forge avec deux Cyclopes, & au haut
dans un Ciel quelques Divinités qui fe divertiffent
aux dépens des deux amans troublés dans leurs
amours. Tableau clair & bien peint.

B 4   JEAN

JEAN BAPTISTE THIEPOLO.

No. 75. SUJET DE L'HISTOIRE SAINTE.

Peint sur toile, haut de 58, large de 84 pouces.

On voit ici Sara, femme d'Abraham, menée à Abimelec qui la veut prendre pour femme, & ce Prince qui vient la recevoir au bas de l'escalier de son Palais accompagné d'une nombreuse suite. On apperçoit devant le perron un homme à cheval & un grand concours de peuple, & plus loin une Ville. Tableau d'une très Riche Ordonnance, d'un ton de couleur agréable & d'une touche large.

76. UN SACRE.

Peint sur toile, haut de 19¾, large de 14½ pouces.

C'est une Riche Ordonnance représentant sur un degré un Evêque debout qui Sacre quelqu'un. Au bas du degré est assise une femme avec un Enfant. Tableau vigoureusement peint.

77. VUE DE L'INTERIEUR D'UNE EGLISE.

Peint sur toile, haut de 29½, large de 22 pouces.

On y voit un Evêque à genoux devant l'Autel, au dessus duquel une Gloire. Tableau touché avec esprit.

SEBASTIEN RICCI.

No. 78. SUJET TIRE DE L'HISTOIRE SAINTE.

Peint sur toile, haut de 58, large de 112 pouces.

On voit dans un superbe Bâtiment Notre Seigneur mangeant avec les Pharisiens & les Péagers. Tableau bien dessiné, touché avec esprit & vigoureusement peint.

79.   UNE BACCHANALE.

Peint sur toile, haut de 38, large de 44 pouces.

C'est une Riche Ordonnance très-bien peinte.

80.   SON PENDANT.

Peint sur toile, & de même hauteur & largeur que le précédent.

Ce Tableau n'est pas moindre que le précédent.

JACQUES AMICONI.

81.   UN PAYSAGE.

Peint sur toile, haut de 63, large de 52½ pouces.

On y voit une Ste. Famille où Marie donne le sein au petit Enfant Jésus, elle a à côté d'elle, St. Jean avec un Agneau & derriere elle St. Joseph. Tableau clair, gracieusement peint.

No. 85. LE SACRIFICE D'ABRAHAM.

Peint fur toile, haut de 62, large de 46½ pouces.

On voit à gauche, Ifaac fur le bucher ayant à côté de lui Abraham debout & tenant dans fa main, le couteau pour immoler fon Fils unique, au deffus duquel paroît un Ange. Tableau d'un très-beau deffein, d'un coloris clair & bien peint.

83. BATHSCEBAH.

Peint fur toile, & de même hautenr & largeur que le précédent.

La Femme d'Urie eft vue dans le bain, recevant une Lettre qu'un More lui apporte. Tableau Capital d'un beau coloris & bien peint.

84. SUJET TIRE DE LA FABLE.

Peint fur toile, haut de 82, large de 91 pouces.

Le Dieu Pan eft repréfenté ici affis fur une butte & embraffant par le milieu du corps une Nymphe qu'il fouleve de terre; de plus quelques Enfans. Tableau Capital dont les Figures font plus grandes que Nature & qui eft très-bien peint.

85. L'ASSOMPTION DE LA VIERGE.

Peint fur toile, haut de 49, large de 31 pouces.

On voit la Ste Vierge enlevée au Ciel; au
bas

bas les Apôtres se tenant près de son tombeau & suivant des yeux le départ de la Mere de Notre Seigneur. Tableau peint avec esprit.

No.86. FUITE EN EGYTE.

Peint sur toile, haut de 35, large de 62 pouces.

La Ste. Vierge, St. Joseph & l'Enfant Jésus sont conduits par un Ange, & on voit au dessus d'eux une Gloire. Beau Tableau, très-terminé.

87. UNE SAINTE FAMILLE.

Peint sur toile, haut de 46, large de 44 pouces.

Elle est accompagnée d'Anges & représentée dans un Paysage. Tableau clair & bien peint.

88. LA VIERGE AVEC L'ENFANT JESUS.

Peint sur toile, haut de 33½, large de 24½ pouces.

Elle est assise ayant l'Enfant qui dort sur ses genoux. Tableau d'un dessein gracieux & d'un beau coloris.

89. SACRIFICE D'ABRAHAM.

Peint sur toile, haut de 17, large de 13½ pouces.

On voit Isaac sur le bucher & prêt à se laisser

fer immoler, ayant à côté de lui fon pere qui
fe prépare à confommer ce Sacrifice. Tableau
touché avec esprit.

No. 90.   LA SAINTE VIERGE.

Peint fur toile, haut de 35 , large de 25½ pouces.

Elle eft vûe à mi-corps & de face ayant à
fa gauche l'Enfant Jéfus debout & devant elle
à droite, le petit St. Jean. Tableau d'un beau coloris, clair & bien peint.

91.   UNE AUTRE SEMBLABLE.

Peint fur toile, haut de 29, large de 21½ pouces.

On voit la Vierge ayant auprès d'elle l'Enfant Jéfus affis fur un Couffin & vû de face.
Tableau d'un coloris agréable & vigoureufement peint.

92.   DEUX SUJETS D'ENFANTS.

Peints fur toile, hauts chacun de 16½, larges de
21 pouces.

L'un repréfente la *Mufique* & l'autre la *Pein-
ture.*

*92.   SAINTE THERESE.

Peint fur toile, haut de 40, large de 30 pouces.

On la voit devant un Ange dans une attitude

de humble & pleine de dévotion. Ce Tableau est d'une touche spirituelle.

JEAN BAPTISTE PIAZETTA.

No. 93.   UNE RICHE ORDONNANCE.

Peint sur bois, haut de 19¾, large de 14¼ pouces.

On y voit une jeune Fille qu'on oint & consacre devant un Autel. Tableau d'un touche ferme & vigoureusement peint.

SALART.

94.   UNE BELLE ORDONNANCE.

Peint sur bois, haut de 14½, large de 10 pouces.

L'Enfant Jésus y est vû se tenant debout sur un Coussin & accompagné de deux Anges. On voit représentée en petit derriere eux l'Histoire de la Passion. Tableau très-terminé.

DAPRET.

95.   UN BUSTE.

Peint sur toile, haut de 32, large de 43½ pouces.

Il est posé sur une balustrade & orné de plusieurs sortes de fleurs. Tableau d'une belle couleur & d'une touche vigoureuse.

CHAR-

CHARLES LE BRUN.

No. 96.   UNE DESCENTE DE CROIX.

Peint fur toile, haut de 32, large de 24 pouces.

On voit à droite du Tableau les Saintes Femmes affifes à terre, abatues & dans une grande affliction; & St. Jean auprès de la Croix tendant les bras pour recevoir le Corps mort du Sauveur. A gauche on apperçoit un Soldat à Cheval. Morceau bien deffiné, d'une belle couleur & du meilleur temps de ce Maître célebre.

PIERRE MIGNARD.

97.   TARQUIN & LUCRECE.

Peint fur toile, haut de 47, large de 63 pouces.

Tarquin eft vû de face & montrant un poignard à Lucrece pour la forcer à condescendre à fes défirs; mais elle s'y refufe. Ce Tableau dont les Figures font plus grandes que Nature & vues jusques aux genoux; & où les Paffions font bien repréfentées, eft d'une belle couleur, bien & vigoureufement peint.

98.   APPOLLON & DAPHNE.

Peint fur toile, haut de 37, large de 52¼ pouces.

Le Scene eft un agréable Payfage, où Daphné eft repréfentée fuyant devant Apollon. On voit à droite, un Dieu de Fleuve couché & fur un fecond

cond plan deux Naïades. Tableau d'un deſſein correct, clair & d'un coloris agréable.

No. 99. UNE CLEOPATRE.

Peint ſur toile, haut de 52, large de 39 pouces.

Elle eſt repréſentée de face & mourante, appuyée ſur ſon bras droit qui repoſe ſur un Couſſin, & ayant ſur le bras gauche un aspic. Tableau d'un très-beau deſſein & d'un coloris vigoureux.

NICOLAS POUSSIN.

100. ASSUERUS & ESTHER.

Peint ſur toile, haut de 45, large de 60 pouces.

On voit le Roi Aſſuérus aſſis ſur ſon Trône & accompagné des Grands Seigneurs de ſon Royaume. Eſther eſt devant lui ſoutenue par deux de ſes femmes. Beau Tableau tant pour la compoſition que pour la correction du deſſein, & connu par l'Eſtampe que *Peſne* en a gravée.

101. ORDONNANCE RICHE & CAPITALE.

Peint ſur toile, haut de 41, large de 68 pouces.

C'eſt l'Idolatrie du Veau d'or par les Enfans d'Israël dans le déſert. Tableau d'un très-beau deſſein où les Paſſions ſont bien repréſentées, & peint vigoureuſement.

No. 102.

No.102.   UNE ORDONNANCE RICHE &
CAPITALE.

Peint sur toile, haut de 38, large de 52 pouces.

C'est une Victoire remportée par Josué sur les Ennemis des Israélites. Tableau d'un très-beau dessein, où les Passions sont bien réprésentées, & peint vigoureusement.

103.   UN PENDANT.

Peint sur toile, & de même hauteur & largeur que le précédent.

C'est l'Histoire de la Défaite d'Hamalek par les Enfans d'Israël à Réphidim. Tableau qui n'est en rien moindre que le précédent.

104.   UNE ORDONNANCE ALLEGORIQUE.

Peint sur toile, haut de 38, large de 50 pouces.

Au milieu du Tableau on voit un Général d'Armée, qu'une Femme couronne de lauriers; de plus quelques Instrumens de Guerre & des Enfans. Morceau bien dessiné & peint.

GASPRE DUGHET, surnommé POUSSIN.

105.   UN AGREABLE PAYSAGE.

Peint sur toile, haut de 39½, large de 52 pouces.

Il est très-richement orné de Temples & de Bâtimens antiques. Sur le devant on voit une
Fem-

Femme qui lave du Linge, ayant auprès d'elle un Enfant debout & un autre couché. Tableau très-terminé & d'un coloris agréable.

No.106.   PAYSAGE CHAMPETRE.

Peint fur toile, haut de 25, large de 32 pouces.

Il eſt orné, fur le devant, de trois Figures, dont deux aſſiſes & une debout. Dans le lointain, on voit de hautes Montagnes. Beau Tableau imitant bien la Nature.

NOEL COYPEL.

107.   CUPIDON & PSICHE.

Peint fur toile, haut de 14, large de $17\frac{1}{4}$ pouces.

C'eſt un Sujet, vû de Nuit à la lumiere de la Chandelle, repréſentant l'Amour couché fur un Lit de Repos. Tableau d'une Riche Ordonnance, très-terminé & bien peint.

ANTOINE COYPEL.

108.   UN PENDANT.

Peint fur toile & de même hauteur & largeur que le précédent.

C'eſt le même Sujet vu de Jour, dans un Payfage. Tableau pas moins bon que le précédent & connu par l'Eſtampe que *J. Audran* en a gravée.

C   SI-

SIMON VOUET.

No. 109.   L'ENLEVEMENT D'HELENE.

Peint sur toile, haut de 60, large de 75 pouces.

La Scene est un Paysage orné d'une Riviere, & à droite sur le devant, on voit l'Enlévement de cette Princesse que des Gens envoyés de la part de Paris lient.   On apperçoit à gauche trois Corps Morts percés de flêches, & de plus un Navire devant le rivage. C'est un des plus beaux Tableaux de ce Maître Célebre & qui ne laisse rien à désirer pour le Dessein & la couleur.

NICOLAS BERTIN.

110. UNE ORDONNANCE BELLE & RICHE.

Peint sur toile, haut de 41, large de 54 pouces.

Elle représente Hercule étouffant entre ses bras le Géant Antée; on voit, au dessous d'Hercule, une Femme qui veut le couronner de lauriers pour sa Victoire. Tableau d'un beau Dessein & peint vigoureusement.

111.   UNE AUTRE ORDONNANCE.

Peint sur toile, & de même hauteur & largeur que le précédent.

On voit dans un Ciel ouvert, la Déesse Junon jalouse de Io. On y apperçoit encore de plus cinq
au-

autres Déesses. Ce Tableau n'est pas moins beau que le précédent.

No. 112.   AUTRE ORDONNANCE.

Peint sur toile, & de même hauteur & largeur que le précédent.

C'est l'Enlevement de Proserpine, où l'on voit Pluton qui la souleve par les bras pour la mettre dans son Char, & de plus quelques autres Figures. Tableau peint dans le même goût que le précédent.

113.   UNE AUTRE ORDONNANCE.

Peint sur toile, & de même hauteur & largeur que le précédent.

C'est le Triomphe de Vénus avec Cupidon & Neptune sur son Char, accompagné de quelques Tritons & Dieux Marins. Tableau peint dans le même goût & pas moindre que le précédent.

FRANCOIS VERDIER.

114. UNE ORDONNANCE RICHE & CAPITALE.

Peint sur toile, haut de 53, large de 70 pouces.

C'est le Baptême de Jésus Christ par St. Jean, dans le Jourdain. De l'autre côté du Jourdain on voit un Paysage avec de hautes Montagnes. Tableau d'un beau & agréable Dessein, & d'un coloris vigoureux.

                         LAU-

LAURENT DE LA HIRE.

No.115.   UNE STE. FAMILLE.

Peint fur toile , haut de 45, large de 55 pouces.

La Scene eft un Payfage au milieu duquel on voit la Ste. Vierge affife avec l'Enfant Jéfus, ayant devant elle quelques Enfans qui jouent, derriere lesquels on apperçoit St. Jofeph debout. De plus un beau Lointain. Tableau agréable & d'un coloris très-beau.

PHIL. DE CHAMPAGNE.

116.   UNE SAINT JEROME.

Peint fur toile, haut de 45, large de 37 pouces.

Il eft vû à mi-corps ayant la tête appuyée fur l'une de fes mains & tenant de l'autre une Tête de Mort. Tableau bien deffiné & d'un coloris clair.

JEAN MIEL, furnommé BIEKE.

117.   UN PAYSAGE AVEC DE HAUTES
MONTAGNES.

Peint fur toile, haut de 19½, large de 26 pouces.

On y voit St. Jean Baptifte prêchant dans le Défert devant un grand nombre d'Auditeurs debout & affis. On apperçoit fur un fecond plan, plufieurs autres perfonnes qui viennent pour l'entendre, & dans le lointain de hautes Montagnes.
Ta-

Tableau délicatement peint & terminé, & des meilleurs que l'on ait vu ici de Maître.

BOULOGNE.

No. 118. UNE BATAILLE.

Peint sur toile, haut de 17½, large de 26½ pouces.

Elle se livre sur une hauteur. Tableau d'une Riche Ordonnance, d'un coloris vigoureux & d'un beau clair obscur.

119. UN PENDANT.

Peint de même & de même hauteur & largeur que le précédent.

Ce Tableau est, à tous égards, aussi beau que le précédent.

BLANCHARD.

120. UN CHRIST MORT.

Peint sur toile, haut de 25, large de 32 pouces.

Notre Seigneur est vu de face & par terre ayant un Ange derriere lui, qui baise une de ses mains. Tableau d'un beau Dessein, & d'un coloris clair & vigoureux.

LE NAIN.

No. 121:   UN TABLEAU DE FAMILLE.

Peint fur toile, haut de 31½, large de 42½ pouces.

C'eft une belle Ordonnance de huit Figures aſ-
fiſes & débout, prenant leur repas. Tableau d'u-
ne touche vigoureuſe & bien peint.

THEOB. MICHEAU.

122.   UN AGREABLE PAYSAGE AVEC DE
HAUTES MONTAGNES.

Peint fur bois, haut de 18, large de 28½ pouces.

Il eſt richement orné fur le devant de Figures
aſſiſes & d'autres qui marchent; de même que de
deux Hommes à cheval qui fe tiennent dans l'eau.
De plus on voit vers la gauche un chemin qui mene en montant à un bois, & une Riviere qui des-
cend de hautes Montagnes. Tableau très-terminé, délicatement peint & auſſi bon que s'il étoit
de *Breugel*.

123.   UN PENDANT.

Peint fur bois, & de même hauteur & largeur
que le précèdent.

On voit de la droite à la gauche, un Chemin
qui mene en montant à une Auberge, orné fur
le devant d'Hommes à cheval & de quelques Pélerins; on apperçoit de plus deux Anes chargés
qui descendent par ce Chemin; & diverſes Perſonnes

nes & des Chevaux devant l'Auberge. Dans le lointain, des Terres labourables & de hautes Montagnes. Tableau très-terminé & pas moins bien peint que le précédent.

A. E. VAN DER MEULEN.

No. 124. UN PAYSAGE MONTAGNEUX.

Peint sur toile, haut de 15, large de 22½ pouces.

On voit sur une hauteur à gauche, près d'une Maison, une Rencontre entre deux Partis de Cavalerie, & à droite, une Paysage Montagneux. Tableau très-bien peint & terminé.

LOCATELLI.

UN PAYSAGE.

125.

Peint sur toile, haut de 14⅓, large de 21½ pouces.

On y voit un Rocher devant lequel font des Beftiaux auprès de quelques Bergers. Ce Payfage eft éclairé par un beau Soleil d'Eté & vigoureufement peint.

126. UN PAYSAGE MONTAGNEUX.

Peint fur toile, & de même hauteur & largeur que le précédent.

Il eft orné fur le devant, de trois Figures, & n'eft pas moins bien peint que le précédent.

A. WATTEAU.

No. 127. VUE D'UN BOIS.

Peint fur toile, haut de 14½, large de 21½ pouces.

On y voit des Dames & des Cavaliers qui fe divertiffent à danfer & à jouer. Tableau d'une belle Ordonnance, vigoureufement peint & connu par l'Eftampe.

PATER.

128. DEUX PAYSAGES.

Peints fur bois, haut chacun de 11, large de 14 pouces.

On y voit des Marches de Soldats, & quelques Femmes & d'autres Perfonnes affifes devant une Tente de Vivandier. Tableaux très-bien peints.

NATIER.

129. DEUX VUES INTERIEURES DE MAISONS.

Peint fur toile, haut chacun de 25, large de 21 pouces.

On voit dans chacune des Salles de ces Maifons', un Cavalier qui courtife une Dame. Tableaux très-terminés.

J. B.

J. B. SANTERRE.

No. 130.   PORTRAIT D'HOMME.

Peint fur toile, haut de 26½, large de 21½ pouces.

Il eſt vû de face & très-bien peint en ovale.

SEBASTIEN BOURDON.

131.   UNE NATIVITE.

Peint fur bois, haut de 16, large de 21 pouces.

On voit la Ste. Vierge avec l'Enfant Jéſus, & à droite fur le devant, les Bergers aſſis.   Tableau qui imite bien la Nature.

JEAN LANFRANC.

132.   MORT D'ADONIS.

Peint fur toile, haut de 71, large de 95 pouces.

La Scene eſt un Payſage où l'on voit Vénus pleurant la Mort d'Adonis, qui eſt étendu mort devant elle.   Tableau bien & vigoureuſement peint.

PIERRE PAUL RUBBENS.

133.   ADORATION DES ROIS.

Peint fur toile, haut de 62, large de 68 pouces.

On voit ici la Ste. Vierge aſſiſe à gauche tenant l'Enfant Jéſus fur ſes genoux, devant lequel un Roi eſt proſterné qui lui offre des préſens.   Derriere celui-ci paroiffent les autres Rois accompagnés d'une nombreufe Suite. Tableau d'une Ordonnance riche & fuperbe, vigoureufement peint & dont les Figures font de grandeur naturelle.

No.134.　　L'ASSOMPTION DE LA VIERGE.

Peint fur toile, haut de 41, largé de 29½ pouces.

On la voit fur les Nuées & à genoux devant Jéfus-Chrift qui lui met une Couronne fur la Tête, ayant au deffus d'elle une Gloire. Sur le devant on apperçoit le Tombeau de cette Sainte Femme, duquel fortent quelques Femmes qui montrent fon drap mortuaire aux douze Apôtres, que quelques-uns d'eux regardent avec une grande furprife. Tableau admirable, d'un très-beau Deffein, d'un coloris clair, peint vigoureufement, & où les Paffions font très-bien exprimées. C'eft un vrai Morceau de Cabinet.

135.　　UNE VENUS DORMANTE.

Peint fur bois, haut de 28, large de 41 pouces.

La Déeffe de l'Amour eft ici repréfentée couchée fur un lit de repos, & vue de face; on apperçoit derriere elle, à mi-corps, un Satire qui la lorgne. Tableau très-délicatement peint & terminé.

136.　　MERCURE & ARGUS.

Peint fur toile, haut de 23½, large de 35½ pouces.

Le Fond eft un Payfage où l'on voit Mercure
prêt

prêt à couper la Tête à Argus qui dort fur une butte, le corps appuyé contre un arbre, ayant à côté de lui Io qui paroît fous la forme d'un Taureau blanc. Tableau très - bien deffiné & d'un coloris clair.

No. 137.   UN PREMIER MODELE POUR LA
GALLERIE DU LUXEMBOURG.

Peint fur bois, haut de 19½, large de 25 pouces.

Il repréfente le Roi Henri IV. placé dans le Ciel avec Marie de Médicis affife fur un Trône, ayant Pallas & quelques autres Figures profternées devant eux. C'eft une riche Ordonnance, touchée avec esprit.

138.   UN PENDANT.

Peint fur bois & de même hauteur & largeur que le précédent.

Il repréfente le Couronnement de la Reine Marie de Médicis, accompagnée d'une très nombreufe Suite. Ce Tableau ne le cede en rien au précédent.

139.   UNE TETE DE LA STE. VIERGE.

Peint fur toile, haut de 19½, large de 13½ pouces.

Elle eft vûe de profil. Très-beau Tableau & touché avec efprit.

N. 140.

N. 140.   UN MOINE.

Peint ſur bois , haut de 24½ , large de 20 pouces.

Il eſt vû à mi-corps. Tableau très-bien peint & d'une touche ſpirituelle.

ANTOINE VAN DYK.

141.   PORTRAIT D'HOMME.

Peint ſur toile , haut de 46 , large de 40½ pouces.

C'eſt celui de *Philippe Le Roi , Sieur de Ra-vels ,* Gentilhomme Flamand, vrai Connoiſſeur & Amateur des Beaux Arts. Il eſt vû juſques aux ge-noux & debout, ayant la main droite appuyée ſur un Chien. Tableau d'un très-beau coloris & d'u-ne touche vigoureuſe.

142.   UN PENDANT.

Peint ſur toile , & de même hauteur & largeur que le précedent.

C'eſt le Portrait de la Femme de Monſieur Le Roi. Elle eſt auſſi vûe debout tenant dans ſes mains un bouquet de plumes, & ayant devant el-le un petit Chien. Ce Tableau n'eſt par moins beau que le précédent.

143.   UN CHRIST EN CROIX.

Peint ſur toile , haut de 21½ , large de 15 pouces.

On voit Notre Seigneur Crucifié entre les deux
Mal-

Malfaiteurs, & au pied de la Croix Marie Madelaine & St. Jean, tous deux pénétrés de douleur. Tableau d'un très-beau Deſſein, touché avec esprit, & où les Paſſions ſont cacacteriſées d'une maniere étonnante. C'eſt un vrai Morceau de Cabinet.

No.144.SEPT DIVERS SUJETS D'ORDONNANDE.

Peint ſur bois, haut chacun de 9½ large de 13½ pouces.

Ils repréſentent la Vie de St. François; ſont touchés avec esprit & peints en griſaille.

F. SNYDERS & P. P. RUBBENS.

145. UNE CUISINE.

Peint ſur toile, haut de 52, large de 83 pouces.

On y voit ſur une table un Cerf mort, un Faiſan & des Perdrix, auprès desquels eſt placée une Cuvette contenant une tête de bœuf & quelques têtes de moutons. A gauche pendent le quartier de derriere d'un ſanglier, le foye & la freſſure d'un veau avec deux Langues de bœuf. A droite un Agneau tué qu'un Cuiſinier enveloppé d'une peau de graſſe. Sur un Second Plan on apperçoit un bœuf tué, pendu à une poutre. De plus deux Femmes debout qui nettoyent des trippes. Tableau Capital d'un Deſſein admirable & vigoureuſement peint. C'eſt dans ſon genre le plus beau Morceau que l'on puiſſe voir de ces Maitres.

FRAN-

FRANCOIS SNYDERS.

No.146.   CHASSE AU SANGLIER.

Peint sur toile, haut de 72, large de 92 pouces.

On voit le Sanglier attaqué par divers Chiens dans un Chemin creux. Dans le lointain paroît un Chasseur sortant d'un bois. Tableau représentant au vrai la Nature, bien & rigoureusement peint.

147.   UN PAYSAGE.

Peint sur toile, haut de 45½, large de 66 pouces.

On y voit à droite, un Sanglier descendant d'une montagne entre les arbres, ayant devant lui un Chien fort blessé & qui crie. Un autre Chien est étendu mort par terre, & on en apperçoit deux autres qui cherchent à attaquer le Sanglier. Tableau admirable & vigoureusement peint.

DAVID TENIERS.

148. L'INTERIEUR D'UNE MAISON DE PAY-
SANS.

Peint sur bois, haut de 14, large de 20 pouces.

On y voit un Paysan qui tient de la main droite une cruche & est assis auprès d'une Fille qu'il caresse. La Maitresse du logis qui est derriere une cloison, avance la tête pour les épier. A droite

il

il y a deux Vaches dans une Etable, auxquelles un Valet apporte du fourrage. Tableau très-délicatement & bien peint dans le meilleur temps de ce Maître.

No.149. UN PENDANT.

Peint sur bois & de même hauteur & largeur que le précedent.

C'est un Cabaret de Village où l'on voit à gauche, entrer un Paysan qui tient une Cruche, & au milieu trois Paysans assis auprès du feu qui fument. Ce Tableau n'est pas moindre que le précédent.

150. UN PAYSAGE.

Peint sur toile, haut de 22½, large de 36¼ pouces.

On y voit à gauche, sur le devant, à la porte d'un Cabaret, une nombreuse Compagnie de Paysans qui se divertissent à jouer à la Courte-boule. A droite on apperçoit audelà de la Riviere, un Village & un Lointain agréable. Tableau d'un très-beau Dessein, d'une fort bonne couleur & terminé. Ce Paysage est éclairé par un beau Soleil d'Eté.

151. PAYSAE AVEC DE HAUTES MONTAGNES & UNE RIVIERE.

Peint sur toile, haut de 26, large de 32½ pouces.

On voit sur le devant un Ponton, dans lequel la
Ste.

Ste. Vierge est assise avec le petit Enfant, &
St. Joseph occupé à y faire entrer son Ane. Derriere
l'Ane on apperçoit un Homme, tenant un bâton, dont
il menace de le frapper, & dans le ponton, quelques
autres Personnes & Animaux. Le Lointain offre
de plus un agréable Paysage. Ce Tableau qui
représente une Fuite en Egypte, est d'un très-beau
coloris, terminé & du meilleur temps de ce Maître.

No. 152.   UNE VUE DE VILLAGE.

Peint sur toile & collé sur bois, haut de 10, large
de 13½ pouces.

On voit dans ce Village, devant une Auberge,
des Paysans & des Paysannes qui se divertissent à
boire & à fumer; & à droite dans le lointain, une
Eglise avec une Tour. Tableau délicatement
peint, terminé & du meilleur temps de ce Maître.

153.   MAISON DE PAYSAN VUE PAR DE-
HORS.

Peint sur Cuivre, de forme ronde & de 16 pouces.
de diametre.

On voit assis dans un beau jour d'été, devant
cette Maison, cinq Paysans & Paysannes qui fument
& boivent, & à droite, un Village & la Tour d'u-
ne Eglise. Tableau très-terminé.

UN PENDANT.

154.

Peint sur Cuivre, de même forme & diametre.

Il représente un Village où l'on voit sur le devant

vant, des Beſtiaux, qu'un jeune Berger accompagné d'une Bergere, chaſſe devant lui; & dans le lointain, un autre Village entourré de grands Arbres. Tableau qui n'eſt pas moins bon que le précédent.

No. 155   MAISON DE PAYSANS VUE PAR DEDANS.

Peint ſur bois, haut de 13½, large de 18 pouces.

On y voit une Payſanne aſſiſe devant une table & fumant ſa pipe, ayant auprès d'elle un Payſan avec une Cruche & un Verre, & on apperçoit de plus dans cette Maiſon, quelques meubles de Payſans. Très-bau Tableau & terminé.

156.   INTERIEUR DE MAISON DE PAYSANS.

Peint ſur bois, haut de 19, large de 25 pouces.

On voit au milieu un Payſan qui tient un Lievre, & à droite une Femme aſſiſe qui pêle des navets. Sur un ſecond plan, on apperçoit cinq Payſans tant debout qu'aſſis auprès du feu, qui ſe chauffent, & une ſervante qui ſort; & ſur le devant divers uſtenciles de ménage de Payſans. Tableau touché avec eſprit, vigoureuſement peint & d'un beau clair obſcur.

157. INTERIEUR DE MAISON DE PAYSANS.

Peint ſur bois, haut de 8½, large de 6½ pouces.

On y voit au milieu un Payſan qui charge ſa pipe & ſur un ſecond plan deux Payſans aſſis de-
D
vant

vant le feu, qui fe chauffent. Tableau très-délicatement peint & terminé.

No. 158.   UN PENDANT.

Peint fur bois & de même hauteur & largeur que
le précédent.

Il repréfente un Payfan affis, jouant de la gui-
tare & ayant derriere lui une Femme qui chante.
Tableau pas moindre que le précédent.

159.   VUE D'UN VILLAGE.

Peint fur bois, haut de 17, large de 27 pouces.

On y voit fur le devant quelques Payfans qui
fe divertiffent à jouer aux quilles.   Tableau très-
terminé.

160.   VUE D'UN RIVAGE.

Peint fur cuivre, haut de 10, large de 12 pouces.

Sur le devant on voit des gens qui achettent du
poiffon, & fur un fecond plan des Pêcheurs, derriere lesquels on apperçoit une Montagne fur laquelle eft fitué un Château.   Tableau très-terminé.

161.   PAYSAGE AVEC FABRIQUES.

Peint fur bois, haut de 6½, large de 10 pouces.

Il eft orné, fur le devant, de quelques Pélerins de
St.

St. Jacques & autres. Tableau repréfentant bien la Nature.

No.162. PAYSAGE MONTAGNEUX AVEC FABRIQUES.

Peint fur bois, haut de 6¼, large de 8¾ pouces.

Sur le devant on voit un Cavalier auquel parle un Payfan. Petit Tableau fort terminé & bien peint.

163. PAYSAGE AVEC DE HAUTES MONTAGNES.

Peint fur bois, haut de 9¾, large de 13¼ pouces.

On y voit une Chûte d'eau & fur le devant un Payfan affis. Tableau très-bien peint & imitant la Nature.

164. UN PAYSAGE.

Peint fur bois, haut de 3¾, large de 3 pouces.

On y voit un Homme qui porte des Navets dans un Panier. Petit Tableau très-bien peint.

JEAN BREUGEL, furnommé de VELOURS.

165. UN BEAU PAYSAGE.

Peint fur cuivre, haut de 10½, large de 13½ pouces.

On y voit répréfentée l'Hiftoire de Coré de

Da-

Datham & d'Abiram. Tableau très-richement orné fort bien & délicatement peint, & terminé.

No. 166.   VUE AGRÉABLE D'UN BOIS MONTAGNEUX.

Peint sur bois, haut de 19, large de 26 pouces.

On y voit à gauche un Chemin qui conduit en montant, à une Maison de Payfans, & sur le devant du Chemin, une barriere qu'un Payfan ouvre pour pouvoir passer avec sa Charette sur laquelle est assise une Femme, & à côté de la Charette marche une autre Femme qui porte une Cruche sur la tête. Sur un second plan deux Figures qui vont à la maison située sur la hauteur, & sur un troisieme plan est une maison environné de grands Arbres. Tableau orné de grands Arbres & de Barraques de Payfans d'un coloris chaud, & terminé. Il représente une belle Journée d'Eté.

BREUGEL & VAN BALEN.

167. LES QUATRE ELEMENS REPRESENTÉS EN QUATRE TABLEAUX.

Peints sur cuivre, chacun haut de $16\frac{1}{4}$, large de $22\frac{1}{4}$ pouces.

L'AIR est représenté par quelques Oiseaux vus sur le devant d'un Payfage Montagneux. L'EAU, par une Femme qui tient dans son bras une Corne remplie de Coquillages & de Plantes Marines, & est accompagnée de quelques Cupidons, ayant devant elle des Poissons qui nagent. LE FEU,

par

par Vénus & l'Amour, auprès desquels paroît Vulcain qui offre un Bouclier à la Déesse. Sur un second plan, on remarque les Ciclopes qui forgent toutes sortes d'Armes, & dans le lointain un Volcan. LA TERRE, par un Jardin sur le devant duquel on apperçoit Flore accompagnée de quelques Enfans qui lui apportent des fleurs & des fruits, & dans le lointain de hautes Montagnes. Ces Tableaux sont délicatement peints & fort terminés.

No. 168.   UN TRES BEAU PAYSAGE.

Peint sur bois, haut de 5, large de $7\frac{1}{4}$ pouces.

On voit dans ce Paysage un Bain de Diane, & sur un second plan, Actéon. Petit Tableau très-délicatement peint & terminé.

BREUGEL & FRANKS.

169.   UNE GUIRLANDE DE FLEURS,

Peint sur bois, haut de 36, large de $28\frac{1}{2}$ pouces.

Au milieu de cette Guirlande qui est formée de toute sorte de fleurs, paroît dans un Rond la Ste. Vierge avec l'Enfant Jesus debout sur ses genoux. Tableau terminé & délicatement peint.

170.   UNE AUTRE SEMBLABLE.

Peint sur bois, haut de $47\frac{1}{2}$, large de $35\frac{1}{2}$ pouces.

On voit cinq différens Sujets dans celle-ci : comme

me l'Annonciation à la Vierge, la Rencontre de
Marie & d'Elisabeth, une Nativité, un Cir-
concision, & Notre Seigneur assis dans le Temple,
au milieu des Docteurs. Dans les quatre Angles
du Tableau, hors de la Guirlande, on apperçoit
les Quatre Evangélistes peints en grisaille. Tableau fort terminé & vigoureusement peint.

ADAM ELSHEIMER.

171. UN BEAU PAYSAGE.

Peint sur bois, haut de 9$\frac{1}{2}$, large de 11$\frac{1}{4}$ pouces.

On y voit Agar qu'un Ange console & sur un
second plan, Ismaël couché à terre. Tableau admirable & délicatement peint.

172. UN AUTRE PAYSAGE.

Peint sur bois, haut de 5, large de 7$\frac{1}{2}$ pouces.

On y apperçoit un Ruisseau & sur le devant,
Tobie avec l'Ange. Ce petit Tableau est de même délicatement peint.

PIERRE NEEFS.

173. VUE INTERIEURE DE L'EGLISE DE ST.
GERMAIN DE L'AUXERROIS PRES DU
LOUVRE, A PARIS.

Peint sur bois, haut de 18, large de 29 pouces.

On y voit divers Autels & elle est fort ornée.
Tableau terminé où les reflets du Soleil font un
agré-

agréable effet, & dans lequel les regles de la perspective font bien observées.

No. 174. UNE AUTRE VUE INTÉRIEURE D'EGLISE.

Peint fur bois, haut de 17½, large de 22 pouces.

On y voit, de nuit, porter fous un dais, le St. Sacrament, à la lueur des Flambeaux. Tableau terminé & imitant bien la Nature.

175. UN PENDANT.

Peint fur bois, & de même hauteur & largeur que le précédent.

Cette Vue Intérieure d'une Eglise est ornée de Religieux & d'autres Figures. Tableau qui n'est pas moins bien peint que le précédent.

176. UN TEMPLE.

Peint fur bois, haut de 16, large de 20½ pouces.

Il est vu intérieurement & est richement orné de Gens qui vendent des fruits, des herbages, des Oiseaux, du Poisson & d'autres denrées. Tableau très-bien peint & terminé.

177. UN PENDANT.

Peint fur bois, & de même hauteur & largeur que le précédent.

Il représente un Palais devant lequel se tient

un

un marché, richement orné de Perfonnes qui achettent & vendent diverfes fortes de denrées. Ce
Tableau n'eft pas moindre que le précédent.

PIERRE NEEFS & FRANCKS.

No. 178. ENTRETIEN DE JESUS CHRIST AVEC NICODEME.

Peint fur bois, haut de 27$\frac{1}{2}$, large de 31$\frac{1}{2}$ pouces.

La Scene eft une Salle où Notre Seigneur
& Nicodeme font affis à une table, & par une
porte ouverte on voit les Difciples affis de même à une table, dans un fecond appartement.
Tableau très-bien peint & terminé.

PAUL BRIL.

179. PAYSAGE AVEC DE HAUTES MONTAGNES.

Peint fur bois, haut de 14, large de 19 pouces.

Il eft orné fur le devant de l'Hiftoire des Diables qui demanderent à Jéfus-Chrift de leur permet-
tre d'entrer dans des pourceaux qui paiffoient
& dès qu'il le leur eût permis, le troupeau fe
précipita dans la Mer & fe noya. Tableau fort
bien peint & terminé.

No. 180.

No. 180.   UN PAYSAGE MONTAGNEUX.

Peint sur cuivre, haut de 7¼, large de 8¾ pouces.

Il eſt orné sur le devant, du Baptême de l'Eunuque de Candace, Reine d'Ethiopie, par Philippe, & dans le lointain, de hautes Montagnes. Tableau fort terminé.

181.   AUTRE PAYSAGE AVEC FABRIQUES.

Peint sur bois, haut de 6½, large de 8 pouces.

On y voit sur le devant deux Hermites, auprès desquels un Payſan. Petit Tableau terminé & bien peint.

LUC VAN UDEN.

182.   UN TRÈS BEAU PAYSAGE
MONTAGNEUX.

Peint sur cuivre, haut de 9¼, large de 12½ pouces.

Il eſt éclairé par un beau Soleil d'Eté, ayant sur le devant à droite, des Bergers & une Bergere auprès de quelques animaux devant un bois, & à gauche dans le lointain, de hautes Montagnes. Tableau terminé & délicatement peint.

183.   VUE DE TERRE & D'EAU.

Peint sur toile, haut de 27, large de 41½ pouces.

A droite on voit un bois orné de Bergers avec leurs troupeaux. Tableau très-bien peint & imitant fort la Nature.

No.184.   DEUX VUES DE BOIS.

Peint sur bois, haut chacun de 18, large de 13¼ pouces.

Elles sont ornées de Figures, & dans le lointain, on voit quelques Montagnes. Tableau imitant fort la Nature.

185.   UN PAYSAGE.

Peint sur bois, haut de 20½, large de 27¼ pouces.

Sur le devant on voit une Briquetterie située auprès d'une Rivière, où il y a des Ouvriers assis qui prennent leur repas, & deux Paysans debout. On apperçoit de plus une Tour qui s'éleve entre de grands Arbres. Tableau très-terminé & représen tant bien la Nature.

JEAN ROTTENHAMER.

186.   UNE ORDONNANCE ALLEGORIQUE.

Peint sur cuivre, haut de 17½, large de 24½ pouces.

On voit au milieu de ce Tableau, qui est un très-beau Morceau de Cabinet, l'Amour Chatié, au secours duquel Vénus semble vouloir venir accourir du lit où elle est couchée; mais Pallas la retient. A droite, on voit trois Femmes affligées assises, & un grand nombre de Cupidons qui se sauvent par la porte. Le tout est admirablement & délicatement peint & c'est le plus beau Morceau que l'on puisse voir de ce Maître.

No. 187. L'ASSOMPTION DE LA VIERGE.

Peint fur cuivre, haut de $11\frac{1}{2}$, large de $8\frac{1}{4}$ pouces.

On voit ici les Douze Apôtres auprès de fon Tombeau. Petit Tableau très-terminé.

188. LA STE. VIERGE A GENOUX SUR LES NUEES.

Peint fur bois, haut de $22\frac{1}{4}$, large de 17 pouces.

On la voit foutenue par de petits Anges. Au bas paroiffent Ste. Cécile & d'autres Saints. Tableau d'un beau Deffein & d'un coloris vigoureux.

189. L'ENLEVEMENT DE PROSERPINE.

Peint fur toile, haut de $27\frac{1}{2}$, large de 36 pouces.

Pluton paroît debout fur fon Char tiré par quatre Chevaux, & on voit dans le lointain un Payfage Montagneux. Tableau bien deffiné & bien peint.

JACQUES BESCHEY.

190. ORDONNANCE BELLE & CAPITALE.

Peint fur bois, haut de $16\frac{1}{2}$, large de $23\frac{1}{2}$ pouces.

Elle repréfente Thomiris montrant & préfentant à diverfes perfonnes la tête de Cyrus. Trèsbeau Tableau délicatement peint d'après *Rubbens*, & connu par l'Eftampe.

No. 191.

No. 191.　UNE AUTRE PAREILLE ORDON-
NANCE.

*Peint sur bois, & de même hauteur & largeur
que le précédent.*

On voit ici Hérodiade qui offre à Hérode
assis à table, la Tête de Jean Baptiste. Tableau très terminé, d'après le même, & pas moins
bien peint que le précédent. Il est connu par l'E-
stampe.

192.　UNE RICHE ORDONNANCE.

Peint sur bois, haut de 19, large de 14 pouces.

C'est une Elévation de la Croix. Tableau terminé & très-délicatement peint, d'après *van Dyk*,
& connu par l'Estampe que *S. à Bolswert* en a
gravée.

193.　UN PAYSAGE CHAMPETRE.

Peint sur bois, haut de 13, large de 15 pouces.

On y voit une Chûte d'eau, & il est bien
& agréablement orné. Tableau terminé & imitant fort la Nature.

194.　UN PENDANT.

*Peint sur bois & de même hauteur & largeur que le
précédent.*

C'est aussi un Paysage.

No. 195. VUE D'UN VILLAGE.

Peint fur bois, haut de 11, large de 15¼ pouces.

Ce Village vû intérieurement, eft très-richement orné de Chariots de Pofte, de Chevaux & de nombre de Figures. Tableau très-terminé & peint dans le goût de *Breugel*.

196. SON PENDANT.

Peint fur bois, & de même hauteur & largeur que le précédent.

Il eft orné de divers Navires & Bateaux qui vont à la voile, & fur le devant, de nombre de Figures, peint dans le même goût & il n'eft pas moindre que le précédent.

197. VUE INTÉRIEURE D'UNE MAISON.

Peint fur bois, haut de 17, large de 13 pouces.

On y voit une Femme qui fait des Gâteaux à la poële. Tableau très-bien peint.

BOUDEWYNS & BOUT.

198. DEUX PAYSAGES MONTAGNEUX.

Peints fur toile, chacun haut de 23, large de 37 pouces.

Ils font très-richement ornés de Figures fur le devant. Tableaux bien peints & terminés.

No. 199.

No.199.　　UN PAYSAGE MONTAGNEUX.

Peint fur toile, haut de 22, large de 28 pouces.

Il eſt orné, fur le devant, de quelques Voleurs de grand Chemin & de Partiſans.　Tableau imitant bien la Nature.

200.　　UN PORT DE MER,

Peint fur toile, haut de 15½, large de 24 pouces.

Le Rivage eſt richement orné de Figures, de Chevaux & de Marchandiſes ; on voit de plus quelques Fabriques, & en Mer divers Vaiſſeaux. Tableau terminé & peint vigoureuſement.

201.　　DEUX PETITS PAYSAGES.

Peints fur cuivre, chacūn haut de 9½, large de 12½ pouces.

Ils font joliment ornés, terminés & imitant bien la Nature.

202.　DEUX AUTRES PETITS PAYSAGES.

Peints fur cuivre, haut chacun de 6½, large de 8½ pouces.

Ils font Agréables, très-bien ornés & terminés,

BOUT.

BOUT.

No. 203.   UN AGREABLE PAYSAGE
MONTAGNEUX.

eint fur cuivre, haut de $14\frac{1}{2}$, large de $17\frac{1}{2}$ pouces.

Ce Payfage eft orné fur le devant de quelques
Cavaliers & Dames à cheval, qui paroiffent reve-
nir de la Chaffe.   Tableau très-bien peint & terminé.

ERASME QUELLINUS.

204.   UN SUJET DE FRUITS.

Peint fur toile, haut de 33, large de $25\frac{1}{2}$ pouces.

On y voit diverfes fortes de Fruits ; comme
des Raifins, Melons, Pêches, &c. auprès desquels une Femme debout qui orne un Terme de
Guirlandes, & a un Enfant auprès d'elle.   Dans
le lointain on apperçoit quelques Bâtimens Italiens.
Tableau touché avec efprit & très-vigoureufement
peint.

205.   UNE BELLE ORDONNANCE.

Peint fur toile, haut de 33, large de 25 pouces.

Elle repréfente une Femme avec deux Enfans
qui forment un Feston de Fruits dont ils ornent
un Vafe.   Tableau vigoureufement peint.

QUIN.

QUINTYN MASSYS.

No. 206.   UN JUGE DE VILLAGE.

Peint fur bois, haut de 29½, large de 41 pouces.

La Scene eft une Salle où l'on voit un Juge &
quelques Payfans qui lui apportent des préfens
pour le rendre favorable à leur Caufe. Tableau
très-terminé.

J. MYTENS.

207.   UNE BELLE ORDONNANCE.

Peint fur toile, haut de 47½, large de 40 pouces.

Elle repréfente un Vieillard, fur lequel une jeune Femme en fureur, tenant un poignard dans
fa main droite, fe jette comme voulant lui ôter la
Vie. On voit dans le lointain un Autel dont le
feu eft allumé. Tableau d'un beau Deffein, clair
& d'une touche vigoureufe.

PETRUS SCHAUBROEK.

208.   UN AGREABLE PAYSAGE
                 MONTAGNEUX.

Peint fur cuivre, haut de 13, large de 19 pouces.

Sur le devant on voit des Voyageurs tant à
pied qu'à cheval, & à gauche fur un fecond plan
la Converfion de St. Paul. On apperçoit de l'autre côté d'une Riviere, de hautes Montagnes. Très-
beau Tableau terminé & auffi bon que s'il étoit de
Breugel.

                                    GON-

GONZALES.

No. 209.   UN CHRIST EN CROIX.

Peint fur toile, haut de 41, large de 29 pouces.

On voit au pied de la Croix, Marie Madelaine & derriere elle fur les Nuées, deux petits Anges, tournant d'un air attendri leurs yeux vers la Croix. Tableau d'un très-beau Deffein, & où les Paffions font très-bien exprimées, terminé & bien peint.

J. JORDAANS.

210.   UNE ORDONNANCE RICHE & CAPITALE.

Peint fur toile, haut de 87, large de 76 pouces.

Elle repréfente, dans la Porte d'une Ville, St. Martin à cheval, fuivi de plufieurs Perfonnes, & donnant une Piece de fon Manteau à un Pauvre Homme, auprès duquel quelques autres Pauvres qui adorent ce Charitable Saint. On voit auffi, derriere lui, le Peintre *Rubbens* à cheval, qui l'accompagne. Tableau d'un coloris clair & vigoureufement peint d'après *van Dyk*.

E   GUIL.

GUIL. DAMERY.

No.211. *UNE ORDONNANCE ALLEGORIQUE.*

Peint fur toile, haut de 65, large de 89 pouces.

Elle eft relative au Mariage d'une Princeffe de France & ornée de beaucoup de Figures. Tableau très-bien grouppé, d'un coloris clair & vigoureufement peint.

JACQUES D'ARTOIS.

212.   VUE D'UN BOIS.

Peint fur toile, haut de 25½, large de 32½ pouces.

On y voit un Chemin qui conduit, en montant, à une petite Riviere & le devant eft orné de quelques Figures dans le goût de *Teniers.* Sur un fecond plan, paroît un Cavalier, & on apperçoit, au travers du Bois, un Village environné de grands Arbres, & de plus, quelques hautes Montagnes. Tableau bien peint & imitant fort la Nature.

213.   UN PENDANT.

Peint fur toile, & de même hauteur & largeur que le précédent.

Il repréfente auffi un Bois, à la gauche duquel, on voit une petite Riviere, & fur le devant, quelques Beftiaux, auprès desquels eft une jeune Fille

le peinte dans le goût de *Teniers*. On apperçoit, de l'autre côté de la Riviere, de grands
Arbres & une Ville située sur une Montagne. Tableau imitant fort la Nature.

PIERRE SNAIJERS.

No. 214.   UNE BATAILLE.

Peint sur toile, haut de 19, large de 26½ pouces.

C'est de l'Infanterie Attaquée par de la Cavalerie. Riche Ordonnance touchée avec esprit.

215.   UN PENDANT.

Peint sur toile, & de même hauteur & largeur
que le précédent.

Ce Tableau n'est en rien moindre que le précédent.

216.   UNE BATAILLE SEMBLABLE.

Peint sur toile, haut de 28½, large de 46 pouces.

Elle se donne aussi entre de la Cavalerie & de
l'Infanterie. Tableau clair & agréablement peint.

217.   UN PAYSAGE MONTAGNEUX.

Peint sur toile, haut de 27, large de 31 pouces.

Ce Paysage est richement orné.

CORNEILLE SCHUT.

No. 218.   UNE ADORATION DES ROIS.

Peint sur toile, haut de 32, large de 23 pouces.

C'est une Ordonnance Riche & Capitale, où l'on voit un des Rois dans une attitude humble & respectueuse, offrir une Boîte d'or avec des Préfens, & au deffus duquel paroît une Gloire. Tableau très-bien peint & d'un coloris vigoureux.

219.   SIMEON BÉNISSANT L'ENFANT JESUS.

Peint sur bois, haut de 18, large de 22¼ pouces.

Ce St. Homme paroît pénétré de joie, en contemplant l'Enfant Jéfus, que Marie tient sur ses mains, ayant à côté d'elle St. Joseph.   Tableau d'une touche spirituelle.

GERARD DOU.

**220. UN PAISAN ASSIS DANS UNE CHAISE
A BRAS.**

Peint sur bois, haut de 13, large de 10¼ pouces.

Il est vû jusqu'aux genoux, affis dans une Chaife à bras, ayant le bras gauche appuyé sur celui de la Chaife; dans fa main gauche il tient une Pipe & a l'autre appuyée sur une Cruche qui eft fur la table. Sa Tête eft couverte d'un Bonnet bordé de fourrure. Tableau très-bien peint & terminé.

PHI-

PHILIPPE WOUWERMAN.

No.221. UN DEPART DE CHASSE A L'OISEAU.

Peint fur toile, haut de 20¼, large de 31½ pouces.

Dans ce Superbe Morceau qui repréfente un beau Jour d'Eté, on voit, à gauche, un Magnifique Bâtiment, devant lequel il y a quelques Chaffeurs, avec des Chevaux & des Chiens auprès d'une Fontaine, & furle Perron de la Maifon des Cavaliers & des Dames. Au milieu on apperçoit un Chaffeur à cheval, fonnant du Cors, ayant, à côté de lui, un Fauconnier avec l'Oifeau fur le poing. Sur un fecond plan, paroiffent un autre Fauconnier & un Chaffeur à cheval, allant vers un Chemin creux; & on découvre dans le lointain, un Agréable Payfage Montagneux. Tableau très-terminé, du meilleur temps de ce Maître & un des plus beaux que l'on puiffe voir de lui.

222. UN VILLAGE PILLE PAR DES SOLDATS.

Peint fur toile, haut de 21, large de 19¼ pouces.

Sur le devant, on voit un Officier à cheval, couchant en joue, avec fon fufil, un Payfan qui lui demande la Vie à genoux. On apperçoit de plus une Femme, avec fon Enfant, qui fe fauve au travers de l'eau, pourfuivie par un Soldat, & fur un fecond plan, un Village que l'on pille &

E 3

brû-

brûle. Tableau délicatement peint, terminé & du meilleur temps de ce Maître.

No. 223. UNE RENCONTRE DE DEUX PARTIS DE CAVALERIE.

Peint sur toile, haut de 24½, large de 34 pouces.

Cette Action se passe sur le devant d'un agréable Paysage. Sur un second plan, on voit des Fuyards auprès de grands Arbres, & un Moulin sur une hauteur. Tableau d'un très-beau Dessein, terminé & où les Passions sont bien rendues.

224. UN PAYSAGE MONTAGNEUX.

Peint sur bois, haut de 16½, large de 14¼ pouces.

Il est entrecoupé d'une Riviere, & à droite, sur le devant, on voit quelques Personnes à pied & à cheval, & au haut Icare & Dédale. Tableau d'une touche fort spirituelle.

NICOLAS BERCHEM.

225. UN AGRÉABLE PAYSAGE MONTAGNEUX.

Peint sur toile, haut de 24½, large de 31 pouces.

Sur le devant de ce Paysage, vû par un beau Soleil d'Eté, il y a un Berger auprès de deux Chevres, outre deux grands Arbres, au bas desquels on apperçoit des Chardons & de petites Plantes. Sur un second plan à gauche, dans un

Che-

Chemin qui va en defcendant, on apperçoit une
Femme montée fur un Bœuf, laquelle a devant
elle, un Berger avec une Couple de Bœufs. De
plus, de l'autre côté de la Riviere, on voit un
Château fitué fur une Montagne, près de laquelle
une Ville, & dans le lointain, de hautes Montagnes. Tableau terminé & d'un beau clair obfcur.

No.226.　　UN AUTRE PAYSAGE.

Peint fur bois, haut de $13\frac{1}{2}$, large de 17 pouces.

A gauche de ce Payfage, vû par un beau Soleil
d'Eté, paroît une Femme montée fur un Cheval,
montrant, de la main droite, un Homme avec
un Bâton, qui marche à fa droite & il eft précédé
d'un Homme monté fur un Ane, qui chaffe devant lui une Couple de Beftiaux; vers le bas, à
gauche, on apperçoit une Ruine. Sur un fecond
plan on voit une Ville fituée auprès d'une Riviere
& dans le lointain, des Montagnes. Tableau
d'un coloris chaud & admirablement peint.

NB. Il eft connu par l'Eftampe de *J. de Vi-*
fcher, laquelle eft amplement décrite dans le Catalogue Raifonné d'Eftampes de Berchem, par H. DE
WINTER. Page 85. No. 127.

227.　　UNE AGREABLE SOIREE D'ETE.

Peint fur toile & collé fur bois, haut de 14, large
de 19 pouces.

Le fond du Tableau eft un Payfage, où l'on
voit, à droite, une Femme montée fur un Mu-
let, auprès de laquelle quelques Bœufs, des Mou-
E 4

tons

tons & des Boucs; derriere eux un Berger avec
un Manteau sur ses épaules & un autre portant
un Bâton; de l'autre côté de la Riviere, sur un
second plan, on apperçoit un Château situé sur
une Montagne & dans le lointain, de hautes Montagnes. Ce Paysage, qui représente une belle
Journée d'Eté, est fort terminé & délicatement
peint.

D. VAN THOL.

No. 228.　　　　　UNE SALLE.

Peint sur bois, haut de 19¾, large de 14¼ pouces.

C'est un Superbe Morceau, où l'on voit un Cavalier & une Dame jouant aux Cartes; la table à
laquelle ils sont assis est couverte d'un tapis, &
derriere la table paroît un Valet qui verse du Vin
dans un Verre, ayant auprès de lui une Cuvette
où on a mis rafraichir une Bouteille de Vin. On
apperçoit, par la porte, une agréable Vue de Jardin.
Tableau terminé & délicatement peint, & aussi
bon que s'il étoit de *Dou*. C'est le meilleur que
l'on puisse voir de ce Maître.

MARGUERITE HAVERMANS.

229.　　　　　DES FLEURS.

Peint sur bois, haut de 31, large de 21¼ pouces.

Dans ce beau & rare Tableau on voit dans une
　　　　　　　　　　　　　　　　　　Ni-

Niche, derriere une Table de pierre, un Pot de diverſes ſortes de Fleurs, comme des Roſes, des Oeillets, de Pavots &c. & ſur le pied de la Table, un Nid d'Oiſeau avec cinq Oeufs; le tout orné de divers Inſectes. Tableau très-terminé, d'une belle Ordonnance & délicatement peint; le clair obſcur y eſt bien ménagé, & il eſt auſſi beau qu'un des meilleurs de *Jean van Huizum.*

No 230.   SON PENDANT.

Peint ſur bois, & de même hauteur & largeur
que le précédent.

Sur le Pied de Pierre de la Table, on voit une Grappe de Raiſins blancs, une de bleux, & une Pêche. Tableau qui, à tous égards, n'eſt pas moindre que le précédent.

AB. MIGNON.

231.   DES FRUITS.

Peint ſur toile, haut de 35½, large de 28¾ pouces.

Sur le devant du Tableau, on voit un Melon, des Pêches & des Raiſins, de même qu'un Lézard & d'autres Inſectes, derriere lesquels ſur une Pierre, il y a des Raiſins, des Abricots, des Prunes, &c. & un Arbre dans lequel il y a un Nid avec deux Oiſeaux. Le tout délicatément peint & terminé, & du meilleur temps de ce Maître.

E 5   No. 232.

No. 232. UNE BELLE ORDONNANCE DE DIVERS SUJETS.

Peint sur toile, haut de 33, large de 27½ pouces.

A droite, on voit une Ligne de Pêcheurs, à laquelle pendent une Perche, un Gardon & un Brochet. On apperçoit auffi une Boîte à vers, fur laquelle il y a un Nid d'Oifeau avec des Oeufs, derriere elle un Bâton où eft perché un Chardonneret, & fur le devant, un Etang avec deux Grenouilles. De plus, une Ruine dans le lointain. Tableau imitant bien la Nature.

233. UNE TABLE DE PIERRE.

Peint fur toile, haut de 34, large de 26½ pouces.

On y voit un Vafe Cifelé, contenant diverfes fortes de Fleurs, fur lesquelles des Infectes. Tableau très-bien péint & terminé.

J. D. DE HEEM.

234. UN POT DE FLEURS & DE FRUITS.

Peint fur tolle, haut de 36, large de 29 pouces.

Il contient des Rofes, des Tulipes, des Oeillets, des Pavots, & fur ces Fleurs on voit divers Infectes. Tableau terminé & très-bien peint.

No. 235.

No.235.   UNE TABLE DE PIERRE.

Peint fur toile, haut de 28½, large de 23¼ pouces.

On y voit, dans une Bouteille, diverfes fortes de Fleurs & de Fruits, fur lesquels il y a des Infectes. Tableau très-terminé, tranfparent & bien peint.

236.   UN FESTON DE FRUITS.

Peint fur toile, haut de 17, large de 25 pouces.

Tableau vigoureufement peint & imitant fort bien la Nature.

CORNEILLE DE HEEM.

237.   UNE TABLE.

Peint fur toile, haut de 22½, large de 30½ pouces.

Elle eft couverte d'un Tapis bleu & on y voit une Affiette d'étain, fur laquelle il y a une Ecréviffe de Mer; on apperçoit encore des Huitres & un Panier avec diverfes fortes de Fruits, comme Pêches, Raifins, Abricots &c. Tableau terminé & très-délicatement peint.

238.   DES FRUITS.

Peint fur toile, haut de 35, large de 28 pouces.

Ce Tableau, orné de diverfes fortes de Fruits, comme de Raifins, Melons, Pêches & autres, eft délicatement peint & terminé.

No.239.

No.239.　　UN FESTON DE FRUITS.

Peint sur toile, haut de 35, large de 27½ pouces.

Il est composé de plusieurs sortes de Fruits & attaché à un clou.　Tableau très-fini.

JEAN WEENIX.

240. VUE D'UNE MAISON DE CAMPAGNE.

Peint sur toile, haut de 22, large de 19 pouces.

On voit, sur le devant, quelques Oiseaux morts, un Fusil & autre Attirail de Chasse, de même qu'une Branche de Roses.　De plus un Paysage Montagneux. Tableau délicatement peint & terminé.

241.　　UNE AUTRE SEMBLABLE.

Peint sur toile, haut de 22, large de 18½ pouces.

On y voit pendus une Perdrix, une Bécasse & d'autres Oiseaux morts.　De plus on apperçoit une Branche de Roses, & dans le lointain, quelques hautes Montagnes.　Ce Tableau n'est pas moins bon que le précédent.

GASPARD NETSCHER.

242.　　UNE FEMME DANS UNE NICHE.

Peint sur bois, haut de 8½, large de 7 pouces.

Elle est vue de face, appuyée sur une Balu-
stra-

ftrade, couverte d'un Tapis de velours. Petit Tableau très-délicatement & bien peint.

No.243.　　JUPITER & CALISTO.

Peint fur toile, haut de 21, large de 18 pouces.

On voit, à droite, dans ce Tableau, Jupiter fous la Figure de Diane auprès de Califto & derriere eux, l'Amour & l'Aigle. Il y a de plus, à gauche, dans le lointain, de hautes Montagnes. Vrai Morceau de Cabinet, très-bien & délicatement peint & terminé. Il eft connu par l'Eftampe, en maniere noire, que *J. Verkolje* en a donnée.

244.　　PORTRAIT D'UNE DAME.

Peint fur toile, haut de 21, large de 17 pouces.

Elle eft vue jusqu'aux genoux & affife, tenant dans fa main droite, une Branche de Rofes. Dans le Fond on apperçoit une Maifon de Campagne. Tableau très-terminé.

245.　　SON PENDANT.

Peint fur toile & de même hauteur & largeur que le précédent.

C'eft le Portrait d'un Homme de Guerre, qui a la main droite appuyée fur un Casque pofé fur une table. Tableau qui n'eft pas moins bien peint que le précédent.

ADRIEN

ADRIEN BROUWER.

No. 246.   INTÉRIEUR DE MAISON DE
PAYSANS.

Peint fur bois, haut de 10¼, large de 8 pouces.

On y voit des Payfans qui chantent & boivent,
dont l'un tient une Cruche à Bierre d'une main,
& de l'autre fon Bonnet en l'air. Petit Tableau
très-Comique & bien peint.

247.   AUTRE INTÉRIEUR DE MAISON
SEMBLABLE.

Peint fur bois, haut de 13, large de 19½ pouces.

Ce petit Tableau qui eft auffi orné de Payfans
qui fe divertiffent à boire & à chanter, eft très-
agréable & bien peint.

248.   • UN HOMME.

Peint fur bois, haut de 12¼, large de 10½ pouces.

Il eft vu à mi-corps, affis devant une Table,
ayant auprès de lui un Payfan. Petit Tableau
touché avec esprit.

CORNEILLE POELENBURG.

UN PAYSAGE AVEC RUINES.

249.

Peint fur bois, haut de 12¾, large de 15½ pouces.

Il eft orné, fur le devant, de Diane décou-
vrant

vrant la grossesse de Calisto ; on voit de plus sept Nymphes, dont quelques-unes sont à demi deshabilées & les autres dans le Bain. Dans le lointain, des Montagnes. Tableau d'un coloris chaud & très-terminé.

No. 250.   AUTRE PAYSAGE SEMBLABLE.

Peint sur . . ., haut de 14, large de 17 pouces.

Il est orné, sur le devant, de douze Nymphes, dont quelques-unes se deshabillent & d'autres se baignent. Tableau qui n'est pas moindre de coloris, que le précédent.

251.   UN PAYSAGE BEAU & AGREABLE.

Peint sur bois, haut de 12, large de 16 pouces.

On y voit, à gauche sur le devant, quelques Figures demi - vêtues ; à droite, un Bâtiment tombant en Ruines, devant lequel est une Chûte d'eau, & de plus, dans le lointain, quelques hautes Montagnes. Tableau très-terminé.

252.   UN PAYSAGE AVEC DES RUINES.

Peint sur bois, haut de 15½, large de 11½ pouces.

Il est orné, sur le devant, d'un Homme à cheval ; & sur un second plan on voit deux Marchands qui traitent du prix d'un Bœuf. Un agréable Lointain termine ce Tableau, qui est d'un beau fini.

No. 253.

No.253. **UN AUTRE PAYSAGE.**

Peint fur bois, haut de 6¼, large de 9¼ pouces.

On voit, fur le devant, quelques Nymphes qui fe baignent. Tableau très-beau & terminé.

254. **UN PENDANT.**

Peint fur bois & de même hauteur & largeur que le précedent.

Il eft orné fur le devant d'une Bergere & d'un Berger avec quelque Bétail. Tableau qui n'eft pas moins bon que le précédent.

JEAN LINGELBACH.

255. **PAYSAGE BEAU & AGREABLE.**

Peint fur bois, haut de 7¼, large de 10¼ pouces.

Sur le devant, on voit quelques Chaffeurs à pied & à cheval, & fur un fecond plan un autre Chaffeur à cheval & quelques Chiens qui pourfuivent un Lievre. Tableau très-délicatement peint & terminé & auffi bon que s'il étoit de *Philippe Wouwerman*.

256. **UN PENDANT.**

Peint fur bois, & de même hauteur & largeur que le précédent.

On voit, dans ce Payfage, une Chaffe à l'Oifeau,

feau, & fur le devant, un Cavalier & une Dame à cheval, accompagnés d'un Fauconnier. Tableau qui n'eft pas moindre que le précédent.

No. 257.   UN PAYSAGE AVEC DES DUNES.

Peint fur bois, haut de 8, large de 9½ pouces.

A droite, fur le devant, on voit deux Hommes, dont l'un affis & l'autre debout, devant lesquels un Payfan & une Payfanne montés fur deux Chevaux.   Petit Tableau qui n'eft pas moins bien peint que les précédents.

ADRIEN VAN DE VELDE.

258.   UN PAYSAGE BEAU & AGREABLE.

Peint fur toile, haut de 8¼, large de 11 pouces.

Sur le devant on voit debout une Vache & un Bouc auprès d'un Ruiffeau, derriere lesquels une Vache couchée; on apperçoit de plus une Bergere, & deux Brebis couchées.   Tableau très-terminé & imitant bien la Nature.

PIERRE WOUWERMAN.

259.   RETOUR DE CHASSEURS.

Peint fur toile, haut de 25, large de 28 pouces.

Ils font halte devant une Auberge, où l'on voit un Cavalier qui aide une Dame à descendre de cheval, un Fauconnier dont le Cheval fur lequel il

F

eft

eſt monté, mange dans une Auge qui eſt devant lui, de plus un Caroſſe qui roule ſur un Chemin qui va en montant, & dans le Lointain, de hautes Montagnes. Tableau très-bien peint & terminé.

No. 260.   UN PAYSAGE MONTAGNEUX.

Peint ſur toile, haut de 25½, large de 27¼ pouces.

On voit, ſur le devant à droite, des Chevaux boire à une Fontaine; il y a devant eux, un Chaſſeur avec des Chiens & dans le Lointain, de hautes Montagnes. C'eſt le meilleur Tableau que l'on puiſſe voir de ce Maître.

CORNEILLE BEGA.

261. INTERIEUR DE MAISON DE PAYSANS.

Peint ſur toile, haut de 13½, large de 12 pouces.

On y voit un Payſan, aſſis, qui joue du Violon & deux autres qui chantent. Tableau très-terminé & bien peint.

LE CHEVALIER CHARLES DE MOOR.

262.   UN DAME QUI JOUE DU CISTRE.

Peint ſur bois, haut de 13½, large de 12¼ pouces.

Elle eſt vue ſous un Paraſol, que lui tient un More, & vêtue de Satin blanc. On apperçoit de plus, un Cavalier avec une Dame. Le Fond du
Ta-

Tableau, qui est d'une belle couleur, repréſente un Bois.

No. 263. UN PENDANT.

Peint ſur bois, & de même hauteur & largeur que le précédent.

La Scene eſt un beau Payſage, où l'on voit, à droite, Vénus & l'Amour. Derriére la Déeſſe, on apperçoit une Bacchante qui lui fait couler dans la bouche du jus d'une Grappe qu'elle preſſe. De plus paroît un Char attelé de deux Colombes. Tableau, qui n'eſt pas moindre que le précédent.

RACHEL RUISCH.

264. UNE BELLE ORDONNANCE.

Peint ſur toile, haut de 36, large de 27½ pouces.

Elle repréſente un Tronc d'Arbre, le long duquel montent des Fleurs, des Papillons qui volent, & quelques autres Inſectes. Tableau très-délicatement peint & terminé.

PIERRE LELY.

265. DEUX PORTRAITS SUR UNE MEME TOILE.

Morceau haut de 49, large de 53 pouces.

On voit repréſentés juſqu'aux genoux dans ce

Ta-

Tableau, deux Princes d'Angleterre, revêtus de Cuiraſſes. Il eſt très-bien peint.

No. 266.　　PORTRAIT D'HOMME.

Peint ſur . . ., haut de 54, large de 46 pouces.

Il repréſente un Général en Cuiraſſe, tenant, dans ſa main droite, le Bâton de Commandement, & ayant la gauche appuyée ſur l'epaule d'un jeune Garçon. Morceau peint dans le goût du précédent.

GERARD HONTHORST.

267. COMPAGNIE DE QUATRE PERSONNES.

Peint ſur toile, haut de 51, large de 82 pouces.

Elles ſont aſſiſes à une Table, jouant aux Cartes, à la lumiere de la Chandelle. Tableau d'une belle couleur & très-vigoureuſement peint.

REMBRANDT VAN RYN.

268.　　L'ENFANT PRODIGUE.

Peint ſur toile, haut de 39½, large de 51 pouces.

Il eſt repréſenté debout auprès de ſon Père qui eſt aſſis & lui compte de l'or ſur une Table. Tableau bien & vigoureuſement peint.

No. 269.

No. 269.   PORTRAIT D'HOMME.

Peint fur toile, haut de 31, large de 26 pouces.

Il eft repréfenté à mi-corps & vu de face, ayant le bras appuyé fur une Baluftrade.   Morceau vigoureufement & bien peint.

A. DE GELDER.

270. LA PASSION REPRSENTEE EN DOUZE TABLEAUX.

Peints fur toile, chacun haut de 28, large de 22½ pouces.

Ils font très-beaux, terminés & auffi bons que s'ils étoient de *Rembrandt*.

NB. *On les vendra par paires.*

271.   PORTRAIT D'UN JEUNE HOMME.

Peint fur toile, haut de 25, large de 20 pouces.

Il eft en bufte, avec une main, ayant la Tête couverte d'un Bonnet de Mézetin. Morceau très-vigoureufement peint dans le goût de *Rembrandt.*

J. DE HEUS.

272. UN AGREABLE PAYSAGE MONTAGNEUX.

Peint fur toile, haut de 27, large de 35½ pouces.

On voit, à gauche, dans ce Payfage qui eft de

tou-

toute beauté, une Chûte d'eau entre des Rochers, & à droite fur le devant, une Dame à cheval, accompagnée d'un Chaffeur avec des Chiens & d'un Homme à cheval, qui monte par un Chemin conduifant à un Bois. On apperçoit de plus, de l'autre côté de la la Riviere, un agréable Lointain. Tableau, qui repréfente un beau Jour d'Eté, d'un coloris chaud & très-terminé. C'eft le meilleur Morceau que l'on puiffe voir de ce Maître.

HENRI VAN LIMBURG.

No. 273.   BACCHUS DORMANT.

Peint fur bois, haut de 14, large de 17 pouces.

Il eft repréfenté dans un agréable Payfage avec une Grappe de Raifins, qu'il tient de fa main droite, qui eft appuyé fur fa poitrine, & le pied fur une Cruche. Tableau d'un coloris délicat, terminé & auffi beau que s'il étoit de *van der Werff*.

274.   UN PENDANT.

Peint fur bois & de même hauteur & largeur que le précédent.

Le Fond du Tableau repréfente l'Intérieur d'un Palais, où l'on voit le Jeune Hercule affis fur fon Berceau, étouffant les Serpens que Junon lui avoit envoyés. Tableau, à tous égards, auffi bon que le précédent.

No. 275.

LE DUCQ.

No.275.   UN CORPS DE GARDE.

Peint fur toile, haut de 23½, large de 20½ pouces.

On y voit un Officier qui dort ; il y a auprès de lui, une Dame qui le chatouille fous le nez avec une paille pour le réveiller , & un autre Officier derrierre elle, que cela fait rire.   Sur un fecond Plan , on apperçoit deux Officiers jouant au Trictrac , & de plus un Drapeau , deux Cuiraffes & autre Attirail de Guerre.   Très-beau Tableau & terminé.

276.   BOUTIQUE DE BARBIER.

Peint fur bois, haut de 17¼ , large de 23½ pouces.

On y voit faire une opération à la Feffe d'un Payfan, en préfence de quelques fpectateurs, l'un desquels à la tête enveloppé de linges.   Tableau très-terminé & plaifant , que l'on tient pour être de ce Maître.

GLAUBERT & DE LAIRESSE.

277.   PAYSAGE CHAMPETRE.

Peint fur toile, haut de 15½, large de 19¼ pouces.

Il eft très-richement orné fur le devant , où l'on voit des Nymphes qui fe baignent, & dans le Lointain , de Superbes Bâtiments. Très-beau Tableau & fort terminé.

No.278.   UN PENDANT.

Peint fur toile, & de même hauteur & largeur que
le précédent.

Sur le devant de ce Payfage, on voit des Nymphes de Diane, qui fe repofent, & dans le Lointain, de hautes Montagnes. Tableau auffi bien
peint que le précédent.

J. VAN HANSBERGEN.

279.   L'ADORATION DES BERGERS.

Peint fur cuivre, haut de 12¼, large de 9¼ pouces.

Elle eft répréfentée dans un Rocher. C'eft
une Belle Ordonnance , très-bien peinte &
terminée. Tableau auffi bon que s'il étoit de
Poelenburg.

280.   UN PENDANT.

Peint fur cuivre & de même hauteur & largeur que le
précedent.

C'eft une Adoration des Rois, repréfentée dans
un Payfage avec des Ruines. Tableau auffi très
bien peint & qui n'eft pas moindre que le précédent.

No. 281.   UN PETIT PAYSAGE.

Peint fur bois , haut de 7½, large de 6 pouces.

On y voit un Berger & au haut une Gloire.
Tableau terminé.

G. HOET.

282.   UN PAYSAGE AVEC RUINES.

Peint fur bois, haut de 11½, large de 14 pouces.

Sur le devant, on voit quelques Figures affifes
qui forment une Guirlande de Fleurs. Tableau
très-bien peint.

283.   UN PENDANT.

Peint fur bois & de même hauteur & largeur que
le précedent.

On y voit quelques Figures & des Fruits. Tableau peint dans le goût du précédent.

284.   UN BEAU PAYSAGE.

Peint fur toile, haut de 15½, large de 20 pouces.

On y voit, fur le devant, une Offrande à Pri-
ape; fur un fecond Plan, une Ruine auprès d'une
Riviere, & de plus, dans le Lointain, de hautes
Montagnes. Tableau très-bien deffiné & vigoureufement peint,

BAREND GRAAT.

No. 285.   PAYSAGE AVEC UN ROCHER.

Peint fur toile, haut de 16½, large de 20 pouces.

Il eft orné d'un Homme à cheval & d'un Cheval fellé, auprès duquel il y a un Chaffeur avec des Chiens.   On voit à droite, par une ouverture du Rocher, une Maifon & quelques hautes Montagnes.   Tableau beau & terminé & auffi bon que s'il étoit de *C. du Jardin.*

JEAN VAN HUIZUM.

286.   UN PAYSAGE CHAMPETRE.

Peint fur toile, haut de 19, large de 22 pouces.

Il eft orné d'une Riviere, & fur le devant, de Figures, & repréfenté par un beau Soleil d'Eté. Tableau bien peint & imitant fort la Nature.

JACQUES VAN DER DOES.

287.   UN PAYSAGE.

Peint fur bois, haut de 12½, large de 10 pouces.

Il eft orné de quelques Moutons, &c, & très-bien peint.

S.

S. VAN DER DOES.

No. 288. ABRAHAM SORTANT DE SON PAYS.

Peint fur toile, haut de 35½, large de 27 pouces.

Cette Sortie eſt repréſentée dans un Payſage orné de Bétail. Tableau très-terminé.

R. BRAKENBURG.

289. INTERIEUR DE MAISON DE PAYSANS.

Peint fur bois, haut de 10, large de 13 pouces.

On y voit un Pere & une Mere avec leur Famille, aſſis à Table & faiſant la Priere avant le Repas, qu'on a ſervi. Tableau très-bien peint & terminé.

290. UN PENDANT.

Peint fur bois & de même hauteur & largeur que le précédent.

Repréſentant un Cabaret de Payſans, où l'on voit, à gauche, une Payſanne avec une Cruche d'étain fur ſon giron & un Homme qui tient un Violon; de plus quelques autres Figures.

J.

J. RUISDAAL.

No. 291. VUE D'UN BOIS.

Peint fur bois, haut de 18½, large de 23 pouces.

On y voit une petite Riviere, & fur le devant, un Homme qui porte un pacquet fur le dos, accompagné d'un Jeune Garçon. Sur un fecond Plan, on apperçoit un Berger avec des Moutons. Tableau très-terminé & imitant bien la Nature.

R. DE VRIES.

292. VUE AGREABLE D'UN BOIS.

Peint fur bois, haut de 18½, large de 23 pouces.

On y voit quelques Barraques de Payfans au bord d'une Riviere, fur laquelle paroît un Pont, auprès duquel il y a un Payfan. Tableau très-bien peint.

ALBERT CUIP.

293. VUE D'UNE AGREABLE PRAIRIE.

Peint fur bois, haut de 13½, large de 18 pouces.

A gauche, fur le devant, on voit fur une Hauteur, deux Pêcheurs, & plus bas, à droite, une Prairie avec des Vaches debout & couchées, & de plus, un agréable Lointain. Tableau très-terminé & d'un très-beau coloris.

GUIL-

GUILLAUME ROMYN.

No. 294. PAYSAGE AVEC DE HAUTES MONTAGNES.

Peint fur bois, haut de $13\frac{1}{2}$, large de $16\frac{1}{4}$ pouces.

On voit. fur le devant de ce Payfage, qui repréfente une Belle Journée d'Eté, deux Bœufs debout près d'une Riviere, & quelques Boeufs couchés, comme auffi un Berger qui fe repofe, & fur une Hauteur, trois autres Bœufs. Tableau reprefentant bien la Nature.

295. UN PAYSAGE MONTAGNEUX.

Peint fur bois, haut de $12\frac{1}{2}$, large de $13\frac{1}{2}$ pouces.

A gauche, fur le devant, on voit un Bœuf debout & un autre couché, comme auffi quelques Moutons, & dans le Lointain, de hautes Montagnes. Tableau très-bien peint & imitant fort la Nature.

LE VIEUX MOUCHERON.

296. UN PAYSAGE MONTAGNEUX.

Peint fur toile, haut de $27\frac{1}{2}$, large de $25\frac{1}{2}$ pouces.

On voit dans ce Payfage qui eft fort bien orné, une Chûte d'eau. Tableau qui repréfente parfaiment la Nature.

No. 297.

No 297.　　　UN PENDANT.

Peint fur toile, & de même hauteur & largeur
que le précédent.

C'est un Payfage avec de hautes Montagnes, où
l'on voit, fur le devant, un Ane chargé. Tableau
qui n'est pas moindre que le précédent.

298.　　　UN AUTRE PAYSAGE.

Peint fur toile, haut de 26, large de 30 pouces.

On y voit une Riviere, & le devant, un Homme qui tire aux Canards. Il repréfente un Beau
Jour d'Eté & imite bien la Nature.

S. RUISDAAL.

299.　　　VUE DE TERRE & D'EAU.

Peint fur toile, haut de 39, large de 27 pouces.

On voit dans ce Payfage plufieurs Beftiaux debout, & un Berger qui fe repofe auprès de quelques Bœufs & de quelques Brebis couchés.
Tableau peint au naturel.

PIERRE

PIERRE QUAST.

No.300.   UNE BOUTIQUE DE BARBIER.

Peint fur bois, haut de 15, large de 21½ pouces.

On y voit nn Payfan qui fe fait arracher une groffe Dent, & une Vieille Femme qu'on amene fur une Brouette. Tableau très-terminé & bien peint.

P. VERBEEK.

301.   UN PAYSAGE MONTAGNEUX.

Peint fur bois, haut de 11, large de 9 pouces.

Il paroît, fur le devant, un jeune Garçon qui monte fur un Cheval, & qui a, derriere lui, un autre Cheval. Tableau très-terminé.

ARNAUD BONEN.

302.   COMPAGNIE DE QUELQUES
PERSONNES.

Peint fur toile, haut de 15, large de 12½ pouces.

Elle confifte en Trois Cavaliers, dont deux affis à une Table qui fument & boivent; & un autre qu'on voit debout occupé à accorder fon Viòlon. Tableau terminé & très-bien peint.

COR.

CORNEILLE SAFTLEVEN.

No. 303. SUJET DE SORTILEGE.

Peint fur bois, haut de 21, large de 18 pouces.

A droite, eſt aſſiſe une Payſanne, auprès de laquelle on voit quelques Diables faiſant de plaiſantes mines. Tableau très-bien peint & terminé.

DAVID RYKAART.

304. INTERIEUR DE MAISON DE PAYSANS.

Peint fur toile, haut de 13, large de 17½ pouces.

On y voit un Payſan aſſis ſur un Banc, qui tient du Tabac ſur une aſſiette, à côté de lui, il y a un autre Payſan aſſis, qui a une Cruche entre les mains, & de plus, quelques Payſans debout & aſſis qui ſe chauffent. Tableau très-bien peint.

H. M. SORG.

305. INTERIEUR D'UNE MAISON.

Peint fur bois, haut de 17, large de 16 pouces.

On y voit une Femme aſſiſe & occupée à faire de la Dentelle; de plus, d'Autres Acceſſoires; Tableau fort terminé.

G· VAN AALST.

No. 306. DEUX DIVERSES ORDONNANCES.

Peints fur bois, haut chacun de 18, large de 14 pouces.

L'Une repréfente une Table, où l'on voit une Affiette avec des Huitres, & une une Boîte d'or, fur laquelle eft repréfenté un Neptune. L'Autre repréfente, de même, une Table, où font quelques Fruits, comme Abricots, Figues, &c. Ces deux Tableaux imitent bien la Nature.

E. DE WIT.

307. VUE INTÉRIEURE D'UNE EGLISE.

Peint fur toile, haut de 17, large de 13¼ pouces.

Elle eft très-bien ornée & bien peinte.

ROELAND SAVERY.

308. DEUX PAYSAGES AVEC DE HAUTES MONTAGNES.

Peints fur . . . . . , chacun haut de 9, large de 6¼ pouces.

On voit, dans l'un, une Charrette & une Chûte d'eau; & dans l'autre, un Hermite affis dans fa Cellule. Petits Tableaux très-bien péints & terminés dans le goût de *Breugel*.

G

ISAAC

ISAAC VAN OSTADE.

No.309. INTERIEUR DE MAISON DE PAYSAN.

Peint sur bois, haut de 10¼, large de 11½ pouces.

Il est orné de Paysans qui fument & boivent, & de ce qu'il faut dans un Ménage de Paysans.

310. AUTRE SEMBLABLE.

Peint sur bois, haut de 9, large de 13 pouces.

Il est orné de Paysans qui mangent & boivent.

311. UN AUTRE SEMBLABLE,

Peint sur bois, haut de 12¼, large de 14½ pouces.

Il est orné de Paysans qui se divertissent à chanter & à fumer. Tableau très-bien peint.

312. UN PENDANT.

Peint sur bois, & de même hauteur & largeur que le précédent.

Ce Tableau est aussi orné de Paysans & n'est pas moindre que l'autre.

P. VAN BLOEMEN.

No. 313. DEUX PAYSAGES MONTAGNEUX.

Peints fur toile, chacun haut de 16, large de 33 pouces.

L'Un eft orné de Beftiaux debout & couchés, & l'autre de Chevaux & de Mulets. Tableaux touchés avec beaucoup d'esprit.

N. VAN BLOEMEN.

UNE SAINTE FAMILLE.

314.

Peint fur toile, haut de 25½, large de 38 pouces.

La Ste Vierge eft affife avec l'Enfant Jéfus fur elle; à côté d'elle, on voit St. Jean, & à fa droite, St. Jofeph dans une Attitude de Repos. Très-beau Tableau, peint dans le goût de *Carlo Maratte.*

PALAMEDES.

UNE BATAILLE.

315.

Peint fur bois, haut de 13½, large de 19¼ pouces.

C'eft un Combat donné entre de la Cavalerie. Tableau d'une riche Ordonnance & terminé.

No. 316. **UN CONCERT DE MUSIQUE.**

Peint fur bois, haut de 17, large de 24½ pouces.

Il eft compofé de Cavaliers & de Dames qui fe divertiffent à jouer de quelques Inftruments & à chanter. Tableau très-terminé.

KNUPHER.

317. **HAMAN EN PRESENCE DE LA REINE ESTER.**

Peint fur bois, haut de 23, large de 32 pouces.

C'eft une riche Ordonnance, où l'on voit cette Reine affife fur une trône élevé & devant elle, Haman auquel un Soldat lie les mains. Tableau très-beau & clair de coloris.

FRANS HALS.

318. **PORTRAITS D'HOMME & DE FEMME.**

Peints fur toile, chacun haut de 13 & large de 12 pouces.

Ils font en-Buftes & tous les Deux vigoureufement & bien peints.

319. **UN PORTRAIT D'HOMME.**

Peint fur toile, haut de 25, large de 20 pouces.

Il eft vu de face, portant une fraife au col, & ayant

ayant la Tête couverte d'un Chapeau. Portrait bien peinr & avéc espiit.

B. VAN DER AST.

No.320.   SUJET DE FANTAISIE.

Peint fur bois, haut de 44, large de 35½ pouces.

On voit une Table, fur laquelle il y a quelques Coquillages & des Fruits; de plus, un Pot avec diverfes fortes de Fruits, comme Pêches, Abricots, Pommes, Prunes, &c. Tableau trèsterminé.

LEONARD BRAMER.

321.   DEUX COMPAGNIES DE PERSONNES
            QUI JOUENT AUX CARTES

Peints fur bois, chacun haut de 18½, large de 17 pouces.

Elles font repréfentées dans un Payfage. Tableaux trés-terminés & bien peints.

JEAN LIS.

322.   DES CAVALIERS & DES DAMES.

Peint fur toile, haut de 33½, large de 27 pouces.

La Scene eft une Maifon de Campagne, où ils fe divertiffeut à jouer, danfer & boire. Tableau touché evec esprit.

JEAN

JEAN VAN GOYEN.

No. 323. VUE D'UN RIVAGE.

Peint fur bois, haut de 17½, large de 25½ pouces.

On voit, à gauche, une Tente près de laquelle il y a quelques Figures, & dans le Lointain quelques Chariots & Bateaux fur le Rivage. Tableau imitant très-bien la Nature.

A. BEGYN.

324. UN PAYSAGE MONTAGNEUX.

Peint fur toile, haut de 27, large de 21½ pouces.

Sur le devant, on voit un Berger qui fe repofe, auprès d'une Couple de Moutons, & dans le Lointain, de hautes Montagnes. Tableau très-terminé & peint dans le goût de *Berchem*.

BARTHOLOMEE SPRANGER.

325. VENUS & L'AMOUR.

Peint fur toile, haut de 54, large de 39 pouces.

La Scene eft un Payfage, où l'on voit l'Amour à côté de fa Mere, & un Temple derriere elle; de plus un beau Lointain. Tableau très-terminé & excellemment peint.

MI-

MICHEL MIREVELD.

Np.326. PORTRAIT DE JEAN VAN OLDENBARNEVELD.

Peint fur bois, haut de 26 , large de 22 pouces.

Il eft presque vu de face, portant une Fraise, autour du Col & un Manteau bordé de fourrure, fur fes Epaules. Portrait très-bien peint & touché avec esprit.

F. POURBUS.

327. PORTRAIT D'ABRAHAM VERHOEVEN.

Peint fur toile, haut de 40½, large de 28¼ pouces.

Il eft affis dans un Fauteiul devant une Table, fur laquelle il y a quelques Papiers; d'une main il tient une Lettre, de l'autre il montre fon Fils, qui eft debout derriere lui. Tableau très-vigou-reufemnt peint.

328. SON PENDANT.

Peint fur toile, & de même hauteur & largeur que le précédent.

Il repréfente la Femme du dit *A. Verhoeven*, avec deux mains ; elle eft vue debout & presque de face. Tableau qui n'ft pas moins bien peint que le précédent.

AN-

ANDREE DE WOLF.

No. 329.   UNE PLAFOND.

Peint sur toile, haut de 48, large de 92 pouces.

C'est une Ordonnance Capitale représentant la Géométrie, la Musique, l'Astronomie & l'Architecture, accompagnés de Minerve & de quelques Cupidons. Morceau d'un Deffein très-correct, d'un coloris clair & auffi bon que s'il étoit de *C. Maratte.*

330.   UN PENDANT.

Peint sur toile & de même hauteur & largeur que le précédent.

On y voit représentés Cérès & Flore. Tableau auffi bon que le précédent.

GASPARD SING.

331. DAVID AVEC LA TETE DE GOLIATH.

Peint sur toile, haut de 73, large de 43 pouces.

Ce Prince est représenté debout & en pied, regardant la Tête du Philiftin, fur laquelle il a le bras gauche appuyé, tenant, de la Main droite, la Houlette. Tableau d'un Deffein gracieux, clair d'un beau coloris & peint vigoureufement dans le goût de *Trevifani.*

No. 332. UN PENDANT.

Peint fur toile, & de même hauteur & largeur
que le précédent.

Il repréfente Judith debout, tenant de la Main
droite la Tête d'Holopherne, qu'elle donne à fa
Servante, & de la gauche, l'Epée Enfanglantée.
Très-beau Tableau & peint dans le même goût.

ISRAEL VAN MECKEN.

333. LA SAINTE VIERGE EN ORAISON.

Peint fur bois, haut de 26½, large de 19 pouces.

On voit cette Sainte Femme de trois quarts, à
mi-corps & debout, tenant les mains jointes &
élevées. Ce Tableau eft très-terminé, délicatement peint & bien confervé.

P. ALBRECHT.

334. UNE MARIE MADELAINE EN DÉVO-
TION.

Peint fur toile, haut de 30½, large de 24 pouces.

Elle eft accompagnée de deux Anges pour la
fortifier. Tableau clair & bien peint.

J. F. ROTMAJER.

No. 335.   UN CRIST MORT.

Peint fur toile, haut de 57, large de 48 pouces.

Il eft repréfenté couché fur les genoux de Marie, accompagnée de deux autres Saintes Femmes. Beau Tableau, vigoureufement peint, & dont les Figures font plus que de grandeur naturelle.

336.   LA STE. VIERGE DEBOUT SUR UN CROISSANT.

Peint fur toile, haut de 77, large de 45½ pouces.

On voit, fous fes pieds, un Serpent & au def-fus d'elle, une Gloire. Très-beau Tableau vigoureufement peint & où la Vierge eft repréfentée de grandeur naturelle.

DIETRICI.

337.   UN CHRIST EN CROIX.

Peint fur toile, haut de 26, large de 28½ pouces.

Il eft repréfenté entre les Deux Brigands, & au pied de la Croix, on voit Marie Madelaine qui l'embraffe, & qui a derriere elle St. Jean. Devant la Croix, les Saintes Femmes font debout. Tableau très-terminé, & vigoureufement peint & d'un beau clair obfcur.

HAL-

HALLERMANS.

No. 338.　　UNE SAMARITAINE.

Peint fur bois, haut de 39½, large de 50 pouces.

Elle eft vûe debout près du Puits.　Tableau d'une Riche Ordonnance.

ROOS.

339.　　PAYSAGE AVEC DES RUINES ANTIQUES.

Peint fur toile, haut de 39, large de 49 pouces.

Dans ce Tableau Capital on voit, à droite, une Vache debout & un Bœuf avec quelques Boucs & des Moutons, & à gauche, quelques Moutons couchés dans l'eau.　Sur un un fecond Plan, on apperçoit un Berger & une Bergere avec des Enfants regardant des Ruines Antiques, & de plus, dans le Lointain, de hautes Montagnes. Le tout très-bien peint, terminé & d'un coloris clair.

340.　　UN PENDANT.

Peint fur toile & de même hauteur & largeur que le précédent.

On y voit, à gauche fur le devant, des Moutons couchés & des Boucs debout, & à droite, un Bœuf debout, qui flaire de petites herbes, derriere lequel un Bœuf couché, & une Bergere avec
fon

son Enfant qui tend la main vers un petit A-
gneau, que tient un Berger. On apperçoit de plus
les Ruines de Bâtimens Antiques & dans le lointain, un Paysage Agréable.   Ce Tableau n'est
pas moins bien peint que le précédent.

No. 341.   UN PAYSAGE MONTAGNEUX.

Peint sur toile, haut de 25, large de 29½ pouces.

On voit, sur le devant, quelques Boeufs &
Moutons couchés, un Berger avec une Bergere
& un Enfant assis sur une Hauteur. Tableau clair
& agréable.

342.   UN PENDANT.

Peint sur toile, & de même hauteur & largeur
que le précédent.

Ce Tableau est, à tous égards, aussi bon que
celui que le précéde.

343.   UN PAYSAGE D'ITALIE.

Peint sur toile, haut de 25½, large de 31½ pouces.

A gauche, on voit, sur le devant, un Berger
& une Bergere qui se reposent, & à droite, un
Cheval debout & des Moutons couchés. Sur
un second Plan, un Pont sur le Tibre, & de
plus, un Lointain Montagneux.   Tableau clair
& bien peint.

No. 344. UN PAYSAGE AVEC DES RUINES.

Peint fur toile, haut de 29, large de 26 pouces.

On y voit une Bergere qui fe repofe & quelques Beftiaux. Tableau très-bien peint & imitant fort la Nature.

345. UN PENDANT.

Peint fur toile & de même hauteur & largeur que le précédent.

Il eft richement orné de Beftiaux debout & couchés & d'un Berger & d'une Bergere. Tableau d'un coloris clair & imitant la Nature.

346. PAYSAGE MONTAGNEUX AVEC RUINES.

Peint fur toile, haut de 28, large de 33 pouces.

On voit, au milieu, deux Bœufs debout, dont un lêche l'autre. De plus quelques Beftiaux tant debout que couchés, & à droite fur une hauteur, un Berger debout badinant avec un Chien. Très-beau Tableau & terminé.

No. 347.

No. 347. PAYSAGE D'ITALIE AVEC RUINES.

Peint sur toile, haut de 25½, large de 30 pouces.

A droite sur le devant, on voit debout une Vache, auprès de laquelle des Boucs & des Moutons tant debout que couchés. On apperçoit de plus une Femme avec deux Enfants, assise sur un Pan de Muraille Ruiné & dans le Lointain, des Ruines. Tableau d'un coloris chaud & fort terminé.

EG. VAN TILBURG.

348. UNE ORDONNANCE CAPITALE.

Peint sur toile, haut de 52, large de 77 pouces.

Elle consiste en vingt huit Figures de Paysans & de Paysannes, dont une partie devant une Maison, assis à une table, où ils mangent & boivent, & d'autres qui se divertissent à jouer aux Cartes & à fumer. Tableau d'un beau coloris & vigoureusement peint.

349. UN PAYSAGE.

Peint sur toile, haut de 33, large de 46 pouces.

On y voit des Soldats qui se reposent, & à droi-

droite, quelques Officiers qui mangent & boivent près d'une Table, tandis que d'autres, jouent aux Cartes; fur ue fecond Plan, on apperçoit un Beffroi. Tableau très-bien peint & terminé.

No. 350.   UN CORPS DE GARDE.

Peint fur toile, haut de 33, large de 53 pouces.

On y voit plufieurs Officiers & Soldats qui fe divertiffent à jouer aux Cartes & à fumer. A gauche, fur le devant, on apperçoit des Cuiraffes, un Tambour, un Drapeau, &c. Tableau bien peint & terminé.

J. SANDRART.

351.   DAVID DEBOUT.

Peint fur toile, haut de 52, large de 42 pouces.

Il eft vu jusqu'aux genoux, plus que de grandeur naturelle; tenant dans fa main gauche, l'Epée & la main droite appuyée fur la Tête de Goliath. Tableau d'un très-beau deffein, touché vigoureument & bien peint.

CHRI-

CHRISTOPLE SCHWARTZ.

No. 352. APPARTEMENT D'UNE MAISON.

Peint fur toile, haut de 41, large de 37½ pouces.

On y voit le Fils de ce Peintre qui préfente le Portrait de fon Pere, pofé fur une Table & qu'il indique de la main. Dérriere la Table, le fecond Fils eft debout tenant, dans fa main, une Tête Antique. Il y a de plus, fur la Table, des Coquillages & un Crucifix pofé fur un pied. Tableau très-terminé & bien peint.

J. DE HONDT.

253. UNE RENCONTRE DE CAVALERIE.

Peint fur toile, haut de 23, large de 34 pouces.

Sur le devant, on voit des Cavaliers & des Chevaux & fur un fecond Plan, un Combat de Cavalerie. Tableau très-bien peint & touché avec efprit.

354. PILLAGE PAR DES GENS DE GUERRE.

Peint fur . . . . , haut de 28, large de 37 pouces.

On voit ici des Gens de Guerre qui emmenent Prifonniers des Payfans, & dans le Lointain, de Hautes Montagnes.

No. 355. VUE D'UN VILLAGE.

Peint fur toile, haut de 23, large de 33½ pouces.

Ce Village eft vu intérieurement & richement orné de Gens Guerre, & fur le devant, des Soldats qui jouent aux Cartes. Tableau touché avec esprit.

JOACHIM BEISCH.

356. UN PAYSAGE CHAMPETRE.

Peint fur toile, haut de 36, large de 57½ pouces.

Sur le devant, qui eft bien orné, on voit un Bateau fur la Riviere, d'où on décharge des marchandifes. Tableau très-bien peint & touché avec esprit.

357. UN PENDANT.

Peint fur toile, & de même hauteur & largeur que le précédent.

On y voit une Riviere, & à gauche, fur le devant, un Bateau que l'on charge & de plus, quelques Figures. Ce Tableau n'eft pas moindre que le précédent.

No. 358. UN PAYSAGE AVEC DE HAUTES
MONTAGNES.

Peint sur toile, haut de 22½, large de 32¼ pouces.

On y voit une Chute d'eau & sur le devant, des Figures qui se reposent. Tableau très-bien peint.

359. UN PENDANT.

Peint sur toile, & de même hauteur & largeur que le précédent.

Il est de même fort orné & il n'est pas moins bien peint que le précédent.

360. UN PAYSAGE AVEC DE HAUTES MONTAGNES.

Peint sur toile, haut de 46, large de 62 pouces.

Il est orné de l'Entrée Triomphante de Notre Seigneur à Jérusalem. Tableau très-terminé.

361. UN PENDANT.

Peint sur toile & de même hauteur & largeur que le précédent.

Il représente le Baptême de Notre Seigneur par St. Jean dans le Jourdain. Tableau aussi-bien peint que le précédent.

No.362. UN BEAU PAYSAGE MONTAGNEUX.

Peint fur toile, haut de 30, large de 44 pouces.

On voit, fur le devant, une Femme montée fur un Bœuf, auprès de laquelle il y a un Homme & une Femme debout, & de plus, quelques Bœufs qni paiffent.

363.   UN AUTRE PAYSAGE.

Peint fur toile, haut de 36½, large de 29½ pouces.

On y voit des Chûtes d'eau & à gauche, fur le devant, la Tentation de St. Antoine. Tableau bien & fpirituellement peint.

364.   UN PAYSAGE MONTAGNEUX.

Peint fur toile, haut de 35½, large de 42 pouces.

On y voit repréfentée une Tempête. Tableau qui imite bien la Nature.

365.   PAYSAGE MONTAGNEUX AVEC RUINES.

Peint fur toile, haut de 28½, large de 38 pouces.

Il eft fort orné fur le devant; on y voit une Chûte d'eau & dans le Lointain, de Hautes Montagnes. Tableau imitant bien la Nature.

No.366.

No. 366.   UN AUTRE PAYSAGE.

Peint fur toile, haut de 30, large de 44 pouces.

On y voit une Riviere & il eft bien orné, fur le devant. Tableau peint au naturel.

M. SCHEYZ.

367.   UN AGREABLE PAYSAGE.

Peint fur bois, haut de 13, large de 13 pouces.

Sur le devant on voit une Vache boire dans un Ruiffeau; de plus, quelques Moutons & un Bouc, une Femme à cheval & dans le Lointain, de Hautes Montagnes. Tableau peint au naturel.

VAN ORLEY.

368.   UN DELLUGE.

Peint fur cuivre, & de forme ovale.

Ce petit Tableau eft très-terminé & bien peint.

PELLEGRINI.

369.   UNE SAINTE VIERGE DEBOUT.

Peint fur toile, haut de 36, large de 28 pouces.

Elle eft repréfentée à mi-corps & tenant fes deux mains fur la Poitrine. Tableau très-vigoureufement peint.

De

De l'Ecole du GUERCHIN.

No. 370. UN CHRIST MORT COUCHE.

Peint fur toile, haut de 33, large de 51 pouces.

On voit deux Anges qui le pleurent. Tableau très-bien peint.

De l'Ecole du GUIDE.

371. MARIE AVEC L'ENFANT JESUS.

Peint fur cuivre, haut de 9, large de $6\frac{1}{4}$ pouces.

Elle est vûe presque de face & debout, donnaut le fein au petit Enfant qu'elle tient fur fes deux mains. Tableau d'un beau coloris & terminé.

372. DIANE & EDIMION.

Peint fur toile, haut de 15, large de 11 pouces.

On voit Diane fur les Nuées auprès d'Endimion qui dort. Beau petit Tableau très-bien peint.

De l'Ecole de CARLE MARATTE.

373. UN EVEQUE ASSIS SUR LES NUEES.

Peint fur toile, haut de $29\frac{1}{2}$, large de $24\frac{1}{2}$ pouces.

Il est accompagné de quelques Enfants & d'Anges

ges qui forment un Concert. Tableau clair &
bien peint.

De l'Ecole VENETIENNE.

No. 374.   UN ST. JEROME PLUS GRAND
QUE NATURE.

Peint fur toile , haut de 81 , large de 56 pouces.

Il eft affis & paroît en extafe , regardant vers
un Ange qui eft à côté de lui , au deffus duquel
on voit une Gloire. Très-beau Tableau vigoureufement peint.

375.   VUE DU MARCHE A VENISE.

Peint fur toile , haut de 21 , large de 28½ pouces.

Ce Tableau eft très-richement orné & clair.

376.   UN PENDANT.

Peint fur toile & de même hauteur & largeur que le
précedent.

On y voit diverfes Gondoles fur le Canal,
Tableau qui n'eft pas moins bien peint que le
précédent.

377.   UNE VUE A VENISE.

Peint fur toile , haut de 21 , large de 29 pouces.

On voit , fur le devant , une Gondole qui s'avance vers un autre Bateau que l'on charge. Tableau
très-terminé repréfentant un beau Jour d'Eté.

De

De l'Ecole de P. P. RUBBENS.

No. 378.   UNE SAINTE FAMILLE.

Peint fur toile, haut de 54, large de 60 pouces.

Le Fond eft un Payfage où l'on voit la Vierge avec l'Enfant Jéfus & auprès d'elle Elifabeth & St. Jean. Tableau vigoureufement & bien peint.

379.   UN PAYSAGE AVEC DE HAUTES MONTAGNES.

Peint fur toile, haut de 32, large de 49 pouces.

A gauche, fur le devant, on voit un Berger qui joue de la flûte, & quelques Perfonnes debout & couchées fe tenant auprès de lui. Tableau très-vigoureufement peint.

*De l'Ecole d'*A. VAN DYK.

380.   LA VIERGE & LE PETIT ENFANT JESUS.

Peint fur toile, haut de 63, large de 46½ pouces.

Elle eft repréfentée dans un Payfage, ayant St. Jofeph derriere elle. Tableau d'un très-beau coloris.

381.   UNE SAINEE FAMILLE.

Peint fur toile, haut de 43½, large de 31½ pouces.

Marie eft vue de face & affife tenant le petit

H 4

En-

Enfant Jéfus fur fes genoux, lequel joue avec St. Jean qui eft debout à côté de la Vierge. Très-beau Tableau & vigoureufement peint.

Par différens MAITRES.

No. 382. UN ST. JEROME.

Peint fur bois, haut de 10, large de 7½ pouces.

Il eft repréfenté affis dans un Rocher avec un Livre ouvert devant lui & un Crucifix. On voit, au travers d'une Ouverture du Rocher, de hautes Montagnes. Tableau très-terminé & peint dans le goût de *Poelenburg*.

383. UNE TABLE DE PIERRE.

Peint fur toile, haut de 26½, large de 22 pouces.

On y voit une Bouteille avec diverfes fortes de Fleurs. Tableau très-terminé & peint par *Elie van den Broek*.

384. UN CHRIST MIS AU TOMBEAU.

Peint fur cuivre, haut de 16, large de 15½ pouces.

C'eft une Riche Ordonnance d'un beau Deffein & terminé d'après *Raphaël*.

No. 385.   CHASSE AU CERF.

Peint sur toile, haut de 63, large de 86 pouces.

Au milieu du Tableau, on voit un Cerf tomber du haut d'un Rocher; & de plus quelques Chiens. Il est d'un coloris clair & peint par *un Maître Allemand.*

386.   UN PENDANT.

Peint sur toile, & de même hauteur & largeur que le précédent.

Au milieu du Tableau, on voit un Ours attaqué par plusieurs Chiens. Tableau qui n'est pas moindre que le précédent.

387. TABLEAU DE FLEURS & DE FRUITS.

Peint sur toile, haut de 67, large de 79 pouces.

On y voit des Fleurs & des Fruits, des Coquillages, &c. & un Plat d'or avec une Aiguière d'argent, une Basse de Viole & un Corbeau des Indes. Tableau capital & très-spirituellement peint par un *Maître Italien.*

388. LA STE. VIERGE AVEC L'ENFANT JESUS.

Peint sur cuivre, haut de 9, large de 6¼ pouces.

Elle est vue debout tenant l'Enfant Jésus sur le
H 5

bras

bras. Petit Tableau très-terminé par *un Maître inconnu.*

No. 389.　　　UN PAYSAGE.

Peint fur toile & collé fur bois, haut de 31, large de 38½ pouces.

On y voit trois Poules & un Cocq. Tableau peint par *un Maître inconnu.*

Par divers MAITRES.

390.　　　UNE BELLE ORDONNANBE.

Peint fur toile, haut de 43, large de 36½ pouces.

On y voit une Hure de Sanglier, fur un banc, derriere lequel il y a un Homme debout vu à mi-corps, tenant une Cuve avec de l'eau, & on apperçoit derriere lui, un Chaudron de Cuivre & autre Batterie de Cuifine. Très-beau Tableau vigoureufement peint & imitant bien la Nature, par *M. B.*

391.　　　UN PORTRAIT D'HOMME.

Peint fur toile, haut de 36, large de 31½ pouces.

Il eft en Bufte, vu de face & plus grand que Nature, avec une Fraife autour du Col & tenant une Flûte. Morceau vigoureufement peint dans le goût de *Rembrand-.*

No. 392.   ADAM & EVE.

Peint sur bois, haut de 18, large de 14½ pouces.

Ils sont représentés dans le Paradis Terrestre, Adam assis & Eve debout. Tableau très-terminé & peint d'après *le Chevalier van der Werf*.

393.   UN CHRIT MORT.

Il est couché sur les genoux de Marie, près de laquelle on voit quelques Anges. Tableau terminé, peint dans le goût de *Palma*, & sur bois.

394.   DEUX SUJETS DE FRUITS.

Peints sur toile, chacun haut de 39, large de 33 pouces.

On y voit toutes sortes de Fruits & ils sont vigoureusement peints par un *Maître Italien*.

395.   UNE TABLE.

Peint sur toile, haut de 42, large de 66 pouces.

On y voit un Feston de plusieurs Fruits & de quelques Fleurs. Beau Tableau & vigoureusement peint par *un Maître Italien*.

No. 396.

No. 396. NOTRE SEIGNEUR AU JARDIN DES OLIVES.

Peint fur cuivre, haut de 14½, large de 11½ pouces.

Il eft vu à genoux devant la Croix, fortifié par deux Anges. Beau Tableau & très-terminé, par *un Maître Flamand.*

397.   UNE SAINTE FAMILLE.

Peint fur toile, haut de 60, large de 43 pouces.

Elle eft repréfentée dans l'Intérieur d'une Maifon, où l'on voit Marie affife & occupée à coudre à la lumiere d'une Chandelle, & St. Jofeph & le Petit Enfant auprès d'elle. Tableau très-agréable pour le clair obfcur & vigoureufement peint dans le goût de *Morille*.

398.   UNE CHAMBRE.

Peint fur toile, haut de 14, large de 19 pouces.

On y voit affis à une Table, des Gens qui forment un Concert de Mufique, & un Peintre affis devant fon Chevalet. Tableau vigoureufement peint & touché avec esprit dans le goût de *Michel Ange de la Bataille.*

399.   UN PAYSAGE AVEC DE HAUTES MONTAGNES.

Peint fur toile, haut de 35, large de 20 pouces.

On y voit, fur le devant, un Etang, auprès duquel

quel il y a un Pêcheur.   Tableau bien peint dans le goût de *Zwaneveld.*

No. 400.   QUELQUES PAYSANS.

Peint fur bois, haut de 15½, large de 13 pouces.

On les voit fe battre les uns contre les autres. Tableau clair & bien peint dans le goût *d'Ifaac van Oftade.*

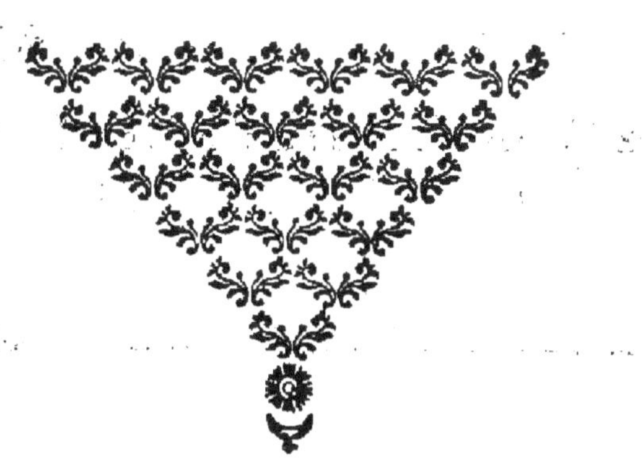

A AMSTERDAM,

Chez ADRIÉN HUPKES, Libraire fur
le Rokkin près du Gaperfteeg à l'Enfeigne
d'Erasme.